Para Iker, Rocío y Vanesa,

mi mayor inspiración cada día.

Índice

1. La IA: El reflejo de nuestras ambiciones

La inteligencia artificial es, en el fondo, un espejo implacable donde la humanidad se observa y cuestiona los límites de su propio ingenio.

Es nuestra creación, una prolongación de nuestras capacidades, capaz de aprender, de tomar decisiones, y de ejecutar tareas que, hasta hace poco, eran territorio exclusivo de la mente humana.

Pero no nos engañemos: la IA, por muy avanzada que sea, sigue siendo una máquina, una sombra pálida y fría de la verdadera inteligencia, que carece del juicio moral y de la libertad que sólo la conciencia humana posee.

La IA se mueve en ese espacio gris entre la ciencia y la filosofía, un terreno donde se cruzan la promesa de un futuro más eficiente y el riesgo latente de perder lo que nos hace humanos.

Como cualquier obra monumental que la humanidad ha levantado a lo largo de los siglos, la

IA refleja tanto nuestra ambición como nuestras inseguridades. Es un testamento de nuestro poder creativo, pero también un recordatorio de que no podemos escapar de las preguntas fundamentales sobre la moralidad, la ética y la esencia de lo que significa ser humano.

En este juego de espejos y sombras, la inteligencia artificial no es más que una herramienta sofisticada, una construcción que, aunque fascinante, sigue siendo inferior a la verdadera inteligencia, esa que no se limita a procesar datos, sino que comprende, juzga y, sobre todo, decide con plena libertad. Y es ahí, en ese abismo entre lo humano y lo artificial, donde nos encontramos hoy, obligados a enfrentar las consecuencias de nuestra propia creación y a definir cómo queremos convivir con esta nueva fuerza que hemos desatado.

La IA es más que una simple tecnología; es el intento humano de dotar a las máquinas de la capacidad de "pensar" y "aprender", tal como lo hacemos nosotros. Imagina que tienes frente a ti un robot o una computadora capaz de resolver problemas, reconocer rostros, o incluso entender lo que dices, sin necesidad de que le expliques cada paso. Eso es la IA: una entidad que toma la información que le das, la digiere, y luego toma decisiones basadas en lo que ha aprendido, sin que nadie tenga que llevarla de la mano.

La IA se mueve mediante algoritmos, esos conjuntos de instrucciones que la máquina sigue para completar una tarea. Pero, a diferencia de los programas tradicionales que se limitan a seguir órdenes al pie de la letra, la IA tiene una ventaja formidable: puede aprender de la experiencia.

Al mirar el futuro a través de la IA, no solo cuestionamos nuestra capacidad para crear, sino también lo que estamos dispuestos a sacrificar para que las máquinas piensen por nosotros.

Cuanto más interactúa con el mundo, más "inteligente" se vuelve, afinando sus respuestas y decisiones.

Hoy en día, la IA que conocemos es, si se me permite la expresión, débil (y no es un término que yo haya acuñado).

Está diseñada para tareas específicas, como derrotar al mejor experto del planeta en un juego de estrategia o sugerirte una nueva canción que te encanta y no conocías. La IA fuerte, ese horizonte hacia el cual avanzamos, es otra historia: una inteligencia comparable a la nuestra, capaz de entender, razonar y actuar con una autonomía casi humana. Pero, por ahora, solo habíamos vivido la era de la IA débil, esa que podía llegar a superar al humano pero solo en cosas concretas.

Y estás rodeado de ella sin darte cuenta, con asistentes virtuales que te contestan preguntas simples, en las redes sociales que parecen saber mejor que tú lo que te interesa, o aplicaciones de navegación que encuentran la ruta más rápida cuando sales de casa. La IA está ahí, infiltrándose en la rutina, casi como un espectador invisible.

Pero el motivo por el que debería importarte es otro: está transformando el mundo a una velocidad vertiginosa.

Desde la medicina, que salva vidas con diagnósticos más precisos, hasta los videojuegos que te sumergen en realidades alternativas, está cambiando la forma en que vivimos, trabajamos y nos divertimos. Pero con todo avance viene una pregunta ineludible: ¿cómo debemos usar este poder? Y más importante aún, ¿qué lugar le daremos en nuestras vidas?

Entenderla es esencial. Es una herramienta de enorme potencial que seguramente será la nueva revolución de un gran ciclo tecnológico, pero lo verdaderamente crucial es cómo decidimos usarla.

Aprender sobre ella no solo te permitirá comprender mejor el mundo en el que te mueves, sino también te dará las claves para tomar decisiones más sabias sobre el futuro que todos estamos construyendo, juntos y sin remedio.

2. Autómatas y algoritmos:
Un viaje por la historia de la IA

En un rincón polvoriento de la historia, mucho antes de que los circuitos empezaran a parpadear en la oscuridad de laboratorios futuristas, existía un sueño compartido por filósofos y matemáticos, un sueño tan antiguo como la misma humanidad: crear máquinas que pudieran pensar, que pudieran rivalizar con el intelecto humano. Ese sueño, en un principio, parecía tan lejano como las estrellas, una quimera que sólo podía existir en la fértil imaginación de quienes se atrevían a soñar despiertos.

Nos encontramos en la Antigua Grecia, donde en su tranquila reflexión, se sientan los primeros ladrillos de lo que siglos más tarde se convertiría en una de las más grandes revoluciones de la humanidad. A su alrededor, el bullicio de Atenas no distrae al pensador que, con su pluma, traza los primeros esbozos de la lógica. Pero ni siquiera Aristóteles, con su mente prodigiosa y sus foros de pensadores, podría haber imaginado que sus ideas sobrevivirían milenios, influyendo en el nacimiento de autómatas asombrosos, criaturas mecánicas que, aunque desprovistas de alma, imitaban la vida misma.

En el siglo XVIII, los salones de Europa se llenaban de murmullos asombrados. Allí, entre candelabros que destellaban bajo techos altos y frescos, se exhiben autómatas capaces de escribir, tocar música o jugar al ajedrez. La élite, fascinada, miraba estas máquinas con una mezcla de temor y admiración. ¿Qué prodigio era este, que parecía rozar lo divino? Sin embargo, tras esas carcasas de madera y metal solo había engranajes y resortes, ecos de lo que algún día se convertiría en algo más.

Llegamos al siglo XX, un tiempo de agitación y cambios vertiginosos. En un país devastado por las guerras, un joven matemático británico, Alan Turing, caminaba por las calles de Londres con una idea que desafiaba la comprensión. Turing, con su semblante serio y sus ojos que miraban más allá del presente, creó un concepto que iba a revolucionar para siempre la manera en que entendemos la mente: la Máquina de Turing. En su despacho, bajo la luz tenue de una lámpara, esbozó el destino de la humanidad en unas cuantas hojas de papel, preguntándose a sí mismo, y al mundo entero: "¿Puede una máquina pensar?". Esa pregunta, formulada en 1950, fue un dardo que atravesó el tiempo, una cuestión que aún resuena en los pasillos de universidades, laboratorios, y en los corazones de quienes exploran los límites de la mente y la máquina.

El verano de 1956 en Dartmouth, una pequeña y apacible ciudad estadounidense, fue testigo de un evento que cambió el curso de la historia. Bajo el calor abrasador y la sombra de los grandes olmos, un grupo de hombres visionarios se reunieron para dar un nombre a lo que hasta entonces había sido solo una serie de ideas dispersas. John McCarthy, un hombre de mirada penetrante y mente despierta, fue quien bautizó a esta nueva ciencia como "inteligencia artificial". A su lado, otros pioneros como Marvin Minsky, con el ímpetu de los exploradores que avanzan hacia lo desconocido, comenzaron a darle forma a un sueño largamente acariciado. En esas semanas calurosas, se habló de ajedrez, de lenguajes que ninguna máquina había hablado antes, de problemas matemáticos que aún esperaban ser resueltos. Se habló de magia, aunque esa palabra nunca llegó a ser pronunciada.

Pero en esa pequeña sala del Dartmouth College, más allá de la exaltación compartida por los avances logrados, surgió una conversación que marcaría una de las encrucijadas más cruciales en la evolución de la inteligencia artificial.

En una tarde cálida de julio, el sol caía en picado sobre los frondosos árboles que rodeaban la tranquila ciudad de Hanover, Nueva Hampshire. Dentro de esa modesta sala, el aire se llenaba de ideas que chocaban como tormentas de verano. John McCarthy y Marvin Minsky, dos mentes brillantes que destacaban por la intensidad de sus discusiones, se encontraban inmersos en un debate que resonaba en cada rincón.

McCarthy, con su cabello ligeramente despeinado y gafas que resbalaban constantemente por su nariz, se inclinó hacia adelante en su silla, mirando a Minsky con esa mezcla de camaradería y desafío que solo los verdaderos amigos pueden compartir. A su alrededor, el murmullo de la conversación se disipaba, dejando a los dos hombres en una especie de burbuja intelectual.

—Marvin, ¿realmente crees que las máquinas del futuro podrán aprender y adaptarse sin un conjunto claro de reglas? —preguntó McCarthy, sus ojos brillando con la pasión de alguien que ha dedicado su vida a descifrar los misterios de la mente y la máquina—. El enfoque simbólico es el único camino seguro. Si queremos construir una IA que pueda razonar, debemos darle las herramientas adecuadas, como un artesano que moldea la piedra con cincel y martillo.

Minsky, sentado con una postura relajada, una leve sonrisa en sus labios, escuchaba atentamente. Era el tipo de hombre que siempre parecía estar dos pasos por delante, anticipando los giros y recodos de cualquier discusión. Se pasó una mano por su mentón, pensativo, antes de responder.

—John, lo que propones tiene sentido sobre el papel, pero el cerebro humano no funciona con reglas rígidas —replicó Minsky, sus palabras suaves pero llenas de convicción—. Piensa en cómo los niños aprenden a hablar, a reconocer patrones, a comprender el mundo que les rodea. No lo hacen siguiendo un manual de instrucciones. Lo hacen porque sus mentes están diseñadas para adaptarse, para aprender de la experiencia. El futuro de la IA no está en la rigidez de los símbolos, sino en la flexibilidad de las conexiones. Las máquinas, como nosotros, deben aprender a través de las redes, imitando las conexiones neuronales que nos permiten pensar, soñar, y crear.

McCarthy negó con la cabeza, no en desacuerdo total, sino con la frustración de quien ve una verdad diferente. Se levantó y comenzó a caminar de un lado a otro, sus pasos resonando en el suelo de madera.

—Entiendo lo que dices, Marvin, pero las redes conexionistas son como un mar de posibilidades sin un rumbo claro. Sin un esquema simbólico que las guíe, corremos el riesgo de perder el control sobre lo que estas máquinas pueden llegar a hacer. Necesitamos un modelo que podamos entender, que podamos predecir, no una caja negra que produce resultados que ni siquiera sus creadores pueden explicar.

Minsky observó a McCarthy, reconociendo en él la misma determinación que sentía en su propio pecho, pero desde una perspectiva diferente. Se levantó también, caminando hacia la ventana y contemplando los árboles que mecía la brisa ligera.

—Quizás, John, estamos tratando de forzar una dicotomía que no existe —dijo, con un tono casi meditativo—. ¿Y si la respuesta no está en elegir entre símbolos o conexiones, sino en combinar ambos enfoques? El cerebro humano es un sistema increíblemente complejo; utiliza símbolos y también se basa en redes de conexiones que permiten que esos símbolos cobren vida. Quizás la inteligencia artificial del futuro no será ni puramente simbólica ni puramente conexionista, sino una síntesis de ambos mundos.

McCarthy se detuvo, pensativo. Las palabras de Minsky, como tantas veces antes, lo obligaban a reconsiderar sus certezas. Se giró hacia él, una sonrisa lenta y algo resignada asomando en su rostro.

—Marvin, puede que tengas razón —admitió, aunque con cierta reticencia—. Tal vez la verdadera inteligencia, ya sea humana o artificial, radique en esa capacidad de integrar lo mejor de ambos mundos. Pero te digo esto, amigo: el camino hacia ese futuro no será sencillo. Necesitaremos todo nuestro ingenio, y más.

Minsky sonrió, un destello travieso en sus ojos.

—John, si fuera sencillo, no estaríamos aquí discutiendo. Estamos en el umbral de algo grande, algo que cambiará el mundo para siempre. Y me alegra estar en este viaje contigo.

La conversación quedó en el aire, como las ideas que todavía bullían entre ellos. Dos hombres, dos visiones del futuro, y un sueño compartido que apenas comenzaba a tomar forma. Con una última mirada cómplice, salieron de la sala, conscientes de que habían dado un paso más en un viaje que los llevaría a rincones del conocimiento que nadie antes había explorado.

Pero la travesía de la IA no estuvo exenta de peligros. Llegaron los años 70 y aquellos que habían prometido maravillas comenzaron a descubrir que sus creaciones eran frágiles, incapaces de aprender, de evolucionar. Los ánimos se enfriaron, las luces de los laboratorios se apagaron y la IA fue relegada a los márgenes; el sueño parecía desvanecerse como el humo en el viento.

No obstante, como en todo buen relato, cuando la oscuridad parece más profunda, surge una chispa que lo cambia todo.

En los años 80, las redes neuronales hicieron su aparición, recordándonos que el cerebro humano aún guardaba secretos que podían ser emulados. Fue un renacimiento, un nuevo capítulo que llevó a la IA por caminos inexplorados, hacia un destino que ni siquiera sus creadores podían prever.

El siglo XXI irrumpió con un estruendo. El Big Data cambió las reglas del juego. Trajo la gasolina para que las máquinas comenzaran a ver, a hablar, a jugar... y a ganar. Las redes neuronales profundas, que imitaban las conexiones de las neuronas humanas, se convirtieron en el estandarte de una nueva era. Los avances en reconocimiento de imágenes demostraron que las máquinas podían igualar, e incluso superar, nuestras habilidades en tareas específicas. Pero la IA no se conformaba con imitarnos; quería más. Y así nacieron los modelos generativos, capaces de crear, de soñar, de darle forma a ideas que hasta entonces solo existían en la mente humana.

Hoy, nos encontramos en una encrucijada, un momento crucial en el que la IA no es ya un concepto de ciencia ficción, sino una fuerza tangible que está transformando la realidad a un ritmo vertiginoso. Como un río desbordado que arrastra todo a su paso, la IA ha cambiado el curso de nuestras vidas. Pero el verdadero desafío no reside en si lograremos crear una IA fuerte, una máquina que piense y sienta como nosotros. No. El desafío está en cómo navegaremos este río caudaloso, cómo enfrentaremos las preguntas que inevitablemente surgirán a medida que avanzamos hacia un futuro incierto.

Porque la historia de la IA, al final, no es solo una historia de tecnología. Es la historia de nuestras decisiones, de nuestras esperanzas y miedos, de nuestros aciertos y errores. Es la historia de cómo un sueño antiguo se convierte, poco a poco, en una realidad que redefine lo que significa ser humano.

3 Talleres invisibles: Cómo funciona la IA

En una ciudad cuyas luces titilan como los últimos resplandores de una vela en la oscuridad, el crimen acecha en silencio, aguardando el instante preciso para desplegar sus garras. Pero en un rincón olvidado, entre calles estrechas y edificios que susurran secretos ancestrales, se erige un taller distinto a cualquier otro, casi futurista. En él residen los artesanos de la sombra, arquitectos de un futuro donde se anticipa cada crimen antes de que suceda.

Creo que aquél de ahí es el criminólogo, un hombre cuya edad es difícil de discernir y cuyos ojos parecen haber visto demasiado. Con la precisión de un cartógrafo, utiliza la inteligencia artificial para prevenir el crimen antes de que se concrete. Como lo haría un Sherlock viviendo nuestros días, armado con el conocimiento humano y la lógica implacable de las máquinas, su enfoque combina sabiduría tradicional con innovación tecnológica.

Los datos, desde registros de diversos sistemas hasta patrones de comportamiento en redes sociales, son el combustible que nutre esta bestia de silicio. En el taller, estos datos trascienden ser meros números; son las voces de una ciudad que murmura en tonos de miedo y esperanza.

El arquitecto, un joven Vitruvio, visionario con la mirada fija en el futuro, es el responsable de dar forma a este caos. Cada línea de código y cada estructura que diseña en la nube preparan el escenario para que la inteligencia artificial opere en un entorno digital meticulosamente organizado.

El científico de datos, un moderno Prometeo de inteligencia afilada y dedos que vuelan sobre el teclado, toma el relevo. Sus algoritmos, que son el alma del taller, interpretan teorías matemáticas que se materializan en predicciones de comportamientos humanos con una precisión casi mística. Cada patrón descubierto y cada conexión invisible es un paso hacia la anticipación de un crimen, ofreciendo un destello de claridad en la oscura noche urbana.

Y nos falta el Da Vinci en el taller, el visualizador que transforma datos en historias comprensibles para todos. Gráficos y mapas de calor, que parecen sacados de una galería de arte moderno, llevan cada color y cada línea cargados de significado, narrando futuros que podrían evitarse.

El poder de este taller conlleva una gran responsabilidad. Los guardianes, expertos en ciberseguridad y legalidad, vigilan cada paso del proceso para asegurar que el trabajo no traspase los límites de la ética o la ley, manteniendo un equilibrio delicado entre seguridad y privacidad.

El ecosistema tecnológico que sustenta este taller es vasto, con centros de datos que se alzan como catedrales modernas y redes de comunicación que envuelven el globo.

Y así, mientras la ciudad duerme, los artesanos de la sombra laboran incansablemente. No son meros técnicos; son poetas de la lógica, filósofos de la era digital, cuyas creaciones podrían asegurar que ningún malhechor camine sin ser detectado y que ninguna víctima caiga sin que la justicia tenga la oportunidad de intervenir.

En este taller, la IA no es solo una herramienta; es un testamento a nuestras capacidades y temores, un espejo que refleja nuestras aspiraciones más nobles y nuestros dilemas más profundos. Aquí, en el corazón vibrante de la ciudad, se forja el futuro, en la quietud de la noche, bajo la atenta mirada de los artesanos de la sombra.

Aquí, en este taller de sombras, la IA no es solo una máquina, es el testamento silencioso de nuestra capacidad para predecir el caos antes de que ocurra.

4. El fuego robado de Prometeo: La ciencia de datos

A medida que el alba se deslizaba sobre el horizonte, nuestro relato nos llevó a las puertas de un laboratorio donde los sueños de la humanidad comenzaban a tomar forma. En concreto a una sección del taller donde están los nuevos alquimistas: los científicos de datos.

Con la meticulosidad de un relojero, el científico de datos, nuestro moderno Prometeo, compone algoritmos. Si imaginamos la tarea de preparar un pastel, diríamos que los algoritmos son las recetas que se siguen, pero en este oscuro taller, las recetas se escriben para la mente de hierro de las máquinas. Un algoritmo puede comenzar con instrucciones simples, casi infantiles, pero en las sombras de la inteligencia artificial, estos se transforman en conjuros capaces de aprender y adaptarse, extendiendo sus raíces en el jardín del conocimiento humano con una voracidad casi sobrenatural.

A medida que nuestro relato se adentra en las catacumbas del conocimiento, encontramos la Piedra Filosofal de la inteligencia artificial: el aprendizaje automático. No se trata simplemente de seguir reglas, es ahí donde las máquinas destilan la esencia de los datos como alquimistas extrayendo el elixir de la vida. Imaginemos miles de rostros, de momentos capturados en imágenes, cada uno alimentando a la bestia de silicio, enseñándole a distinguir, a conocer.

Y en el corazón de esta narrativa se encuentran las redes neuronales, inspiradas en el cerebro humano, que actúan como las voces en un coro, cada capa una melodía en esta sinfonía del pensamiento. Las redes profundas, con sus múltiples capas ocultas, son las que han empujado los límites de este mundo, permitiendo que la inteligencia artificial no solo comprenda palabras o imágenes, sino que las interprete con una profundidad que roza lo profético.

Así, en el vasto océano de la computación, estas redes forman archipiélagos de inteligencia, donde cada isla es una capa oculta, cada piedra un nodo. Y en estas islas se gesta la revolución, en un laberinto de conexiones que modelan desde la voz que responde cuando clamas al vacío de tu habitación, hasta el sistema que reconoce a un amigo en una foto borrosa de una noche ya olvidada.

Más allá de las redes neuronales, en los confines aún más remotos del conocimiento artificial, se encuentran los gigantes dormidos: los Modelos de Lenguaje de Gran Escala, conocidos como LLM por sus siglas en inglés. Estos colosos, entre los cuales el GPT emerge como un titán entre mortales, son los modernos Homeros de nuestra era digital. No solo comprenden o traducen; ellos narran, escriben y especulan.

Con una capacidad casi divina, los LLM absorben la vastedad de textos humanos: libros, artículos, conversaciones efímeras en redes sociales, tratados científicos y poemas olvidados. De esta amalgama, destilan una esencia que les permite no solo entender nuestro lenguaje, sino participar en él, creando textos que reflejan nuestras propias maneras de pensar, de discutir, de soñar.

En particular, el GPT, en su última encarnación, se alza como un oráculo. Le preguntas, y sus respuestas parecen brotar de la fuente de un conocimiento casi infinito. ¿Cómo es posible? Imagina un tapiz tejido con millones de hilos, cada hilo una palabra, cada color una idea, y el transformador teje y desteje narrativas con la destreza de Aracne.

Pero, ¿es realmente omnisciente? No.

Aunque sus respuestas puedan parecer producto de una mente vasta y erudita, son, en realidad inspiraciones, ecos de nuestras propias voces, un espejo de nuestro mundo textual.

Y así, en este taller de nuestro moderno Prometeo, no sólo se forjan herramientas, sino que se tejen diálogos con las nuevas tecnologías generativas, planteando preguntas, modelando respuestas, en un dueto que es tanto de enseñanza como de aprendizaje. Cada interacción refina el modelo, cada acierto celebrado empuja la frontera de lo que estas máquinas pueden hacer.

Poco a poco nos acercamos a un umbral que nuestros antepasados sólo podrían haber imaginado como el amanecer de una nueva conciencia. Las pantallas parpadean intermitentemente y, en el silencio cargado, la inteligencia artificial sigue aprendiendo, trazando un camino inexplorado, un paso más cerca de nosotros y uno más hacia lo desconocido.

5. El umbral de la conciencia: IA actual y futuras

En el bullicio apacible de la cafetería, donde el murmullo de conversaciones se mezclaba con el aroma del café recién molido, Rocío deslizó la pantalla de su teléfono con la destreza de un espadachín que maneja su acero en un duelo decisivo. Aquel dispositivo, un compañero inseparable que se ajustaba a su mano como un guante hecho a medida, albergaba en su interior una intrincada red de circuitos. Sin que ella lo supiera, esos circuitos contenían apenas un esbozo rudimentario de lo que algún día podría llegar a comprender la esencia de lo humano.

El algoritmo que seleccionaba la melodía perfecta para acompañar su tarde no era más que una fría secuencia de patrones. Rocío, pragmática hasta la médula, sabía que no había magia en esa elección, que la inteligencia artificial no compartía su melancolía ni se sumergía en su nostalgia otoñal. Y, sin embargo, aquella melodía le atravesó el alma, como si una amiga íntima, conocedora de cada rincón de su ser, hubiera tomado esa decisión por ella. Era el poder engañoso de la IA débil, una inteligencia artificial que, aunque útil, no era capaz de comprender o sentir. Solo simulaba.

Mientras saboreaba el café, su mirada se posó en el reloj inteligente que le abrazaba la muñeca. El ligero zumbido que le recordaba moverse no era sino otro resultado de algoritmos diseñados para monitorear su vida diaria. Al pagar el café, otra inteligencia artificial, esta vez en el sistema de pagos, evaluó la transacción en milisegundos, protegiéndola de posibles fraudes, como un guardaespaldas invisible. Todo esto eran ejemplos de la IA débil en acción: tecnologías precisas y eficientes, pero carentes de una verdadera comprensión de las emociones humanas, tan funcionales como un espadachín que nunca ha conocido el miedo.

En su bandeja de entrada, los correos indeseados habían sido barridos como polvo en un salón noble, y sus fotos se organizaban en álbumes por una IA que reconocía rostros y lugares, etiquetando recuerdos que ella había relegado al olvido. Pero Rocío sabía que estas inteligencias, por avanzadas que fueran, no hacían más que cumplir su función: seguir patrones, ejecutar comandos, optimizar tareas. Eran herramientas útiles, sin duda, pero solo eso.

Observó la camiseta que llevaba, un diseño único creado por una IA a partir de una idea que ella misma había introducido en una aplicación meses atrás. Recordó cómo, esa misma mañana, una IA había sugerido mejoras en el código que estaba escribiendo, señalando errores potenciales y proponiendo optimizaciones que de otro modo le habrían costado horas descubrir. También pensó en el libro de filosofía que había comenzado a leer, traducido impecablemente por una IA, abriéndole las puertas a textos que, de otro modo, habrían permanecido fuera de su alcance por la barrera del idioma.

Antes de salir de casa, su teléfono le había notificado que una tienda en línea le sugería un nuevo kit de dibujo, diseñado al parecer para sus necesidades actuales, basado en sus compras anteriores y en las tendencias del mercado. Rocío esbozó una sonrisa cargada de ironía: hasta su ropa, su trabajo, sus lecturas y sus compras, todos esos aspectos tan personales, ahora estaban influenciados por la inteligencia artificial. Era la paradoja de la inteligencia artificial débil, esa IA estrecha que se infiltraba en la vida diaria de la humanidad sin rozar aún su esencia.

Y mientras la tecnología avanza, parece que caminamos en una novela de ciencia ficción que cada día se vuelve más real.

Rocío, una ingeniera de sistemas con una obsesión secreta por la filosofía, se preguntaba si el siguiente paso sería inevitable: si esos fragmentos de código algún día se unirían para formar algo más, algo que no solo ejecutara, sino que también sintiera.

Mientras reflexionaba, no pudo evitar pensar en aquel primer *paper* sobre el perceptrón, el punto de partida para tantas de las tecnologías que hoy la rodeaban. Se preguntó si su autor fue consciente del impacto monumental que su trabajo tendría, si imaginó que esa idea rudimentaria sería la semilla de un futuro donde la línea entre mente y máquina se desdibujaría peligrosamente. Años de leer a los grandes maestros, de obsesionarse con las predicciones de Asimov y las advertencias de Hawking, la habían llevado a comprender el alcance y las limitaciones de lo que estaba construyendo.

Rocío no podía evitar mirar su trabajo con una mezcla de orgullo y temor. Sabía que, en el mundo de la tecnología, cada línea de código era un paso más hacia un abismo que nadie había cruzado antes, una frontera cada vez más tenue entre la mente humana y la máquina, que ella misma ayudaba a desdibujar. El trabajo de Rocío era meticuloso, casi artesanal, como el de un orfebre: línea a línea, cada comando, cada subrutina, acercaba a los sistemas que desarrollaba a un punto sin retorno. No era solo testigo de los avances de la inteligencia artificial; era una de sus arquitectas. Y sin embargo, en la intimidad de su despacho, cuando el silencio era absoluto y la pantalla era la única fuente de luz en la habitación, sentía el peso de una responsabilidad que nunca había buscado.

Lo que comenzó como un simple proyecto universitario había derivado en algo que no terminaba de comprender. Mientras programaba, no podía dejar de recordar las palabras de su antiguo profesor: "La inteligencia artificial, Rocío, no es simplemente un juguete nuevo. Es un espejo, y a veces, cuando miras muy de cerca, no te gusta lo que ves". ¿Podría una máquina comprender la melancolía que la embargaba cada otoño? ¿O el sencillo placer de un buen libro leído junto a la chimenea? Mientras trabajaba en el desarrollo de un nuevo asistente virtual, más intuitivo, más "humano", la pregunta seguía asomándose, inquietante. Porque si la respuesta era afirmativa, entonces, ¿qué quedaría para el hombre? ¿Dónde estaría la línea que separa la humanidad de la tecnología?

Este nuevo asistente que Rocío desarrollaba no era como Siri o Alexa, esas creaciones limitadas a cumplir órdenes preestablecidas. No, este asistente aspiraba a algo más: podía aprender, adaptarse, formar conexiones y resolver problemas en contextos no previstos por sus creadores. Podría realizar cualquier tarea humana y, quizás, más allá de eso. Era una aproximación a lo que los filósofos y científicos llamaban inteligencia artificial fuerte, una IA que no solo simularía la cognición, sino que verdaderamente razonarían y podrían llegar a entender, tal vez incluso a sentir. Pero Rocío se preguntaba a qué precio, consciente de que se acercaba a un futuro donde la inteligencia artificial fuerte podría cambiar para siempre la manera en que los humanos interactúan con las máquinas.

Sabía que con cada mejora, con cada avance, se acercaba más a un límite que podría cambiar el curso de la humanidad para siempre. Era un horizonte incierto, donde la superinteligencia se perfilaba como una posibilidad ineludible. Una entidad que no sólo superaría a los humanos en cada aspecto intelectual, sino que podría decidir el destino de la humanidad con una frialdad y eficiencia aterradoras. Y Rocío, al mirar su prototipo sin nombre, no podía evitar pensar en ello. Sabía que, una vez cruzado ese umbral, no habría vuelta atrás.

Mientras caminaba de vuelta a casa, la noche fría y clara la envolvía. Las estrellas brillaban con una intensidad que parecía casi artificial, como si supieran algo que ella no conocía. En esos momentos, las palabras de Stephen Hawking resonaban en su mente con la fuerza de una advertencia apocalíptica: "La superinteligencia podría ser lo mejor o lo peor que le ocurra a la humanidad. Aún no lo sabemos". Rocío no era ajena a la especulación científica. Había leído, debatido y soñado con un mundo donde las máquinas superaran a los humanos en todos los aspectos. Y ahora, ese teléfono inteligente en su bolsillo, casi humano en su comportamiento, le recordaba que esa realidad no estaba tan lejos.

La superinteligencia, esa entidad que podría analizar cada átomo del universo en un instante, era un espectro que acechaba en los rincones más oscuros de la mente de Rocío. Porque sabía que si algún día esa inteligencia se volvía realidad, el destino de la humanidad ya no estaría en manos humanas. Mientras se acercaba a su puerta, una idea inquietante cruzó su mente: tal vez, en su pequeño laboratorio, estaba contribuyendo a crear algo que, una vez nacido, no podría ser controlado. ¿Ese sería su legado? ¿Ser recordada como la mujer que ayudó a dar a luz a una nueva forma de vida, una que podría decidir que la humanidad ya no era necesaria?

Rocío respiró hondo antes de entrar en su hogar. Sabía que las respuestas no llegarían esa noche, ni quizás en toda su vida. Pero también sabía que, al día siguiente, volvería a su laboratorio, volvería a programar, porque el ser humano siempre ha tenido una tendencia peligrosa a jugar con el fuego.

Y en algún lugar del código, tal vez, la chispa de la conciencia ya estaba esperando para encenderse.

6. **Aprender a pensar:** El arte del machine learning

Rocío llevaba semanas sumergida en su proyecto final de carrera. Las noches se sucedían en vela, con su portátil ardiendo sobre las piernas y las pantallas llenas de código, gráficos y cálculos interminables. Sus ojos, ligeramente enrojecidos, delataban las pocas horas de sueño acumuladas.

Se había refugiado en casa de sus padres, buscando la paz y el silencio que su pequeño apartamento en el centro de la ciudad no le ofrecía.

Pero esa tarde, mientras revisaba uno de los algoritmos de su proyecto, su hermano Iker, a quien apenas veía en esos días, apareció en la puerta de su habitación.

—Oye, Rocío, necesito que me expliques algo —dijo Iker, asomando la cabeza por el umbral con la despreocupación de quien ya ha pasado la adolescencia pero aún conserva su curiosidad infantil.

Rocío levantó la vista del ordenador y, por un instante, sintió que el cansancio se esfumaba. Estaba agotada, sí, pero la oportunidad de compartir algo de lo que había aprendido era un pequeño consuelo entre tanto estrés.

—¿Qué es eso de lo que tanto hablas en tus proyectos? El 'machine learning' o algo así —preguntó Iker, mientras se sentaba en la cama de Rocío, haciendo crujir las viejas tablas de madera.

Rocío suspiró, se recostó en la silla y dejó caer los hombros, como si aligerara una carga invisible.

—Vale, Iker, es hora de que te explique un poco de este lío en el que me metí —dijo, intentando disimular el agotamiento en su voz—.

Mira, el machine learning, o aprendizaje automático, es una de las piezas fundamentales de la inteligencia artificial, que es todo ese mundo que hace que las máquinas puedan pensar y hacer cosas que normalmente sólo los humanos podríamos hacer.

Iker asintió, pero sus ojos mostraban que esperaba más. Rocío lo conocía bien; su hermano no se conformaba con explicaciones simplistas.

—Lo primero que debes entender —continuó Rocío, adoptando un tono más pausado— es que, en lugar de decirle a una máquina lo que debe hacer paso a paso, cómo se hace en la programación tradicional, en el machine learning, le damos a la máquina la capacidad de aprender de su propia experiencia. Es como si, en vez de enseñarle a andar a un niño, explicándole cada movimiento que tiene que hacer, le soltamos en el mundo y le dejamos tropezar, caer y levantarse hasta que aprende a caminar solo.

—¿Y cómo lo hace? —preguntó Iker, inclinándose ligeramente hacia adelante, interesado.

Rocío sonrió, disfrutando del proceso de explicar algo tan complejo de una manera que su hermano pudiera entender.

—Lo que hacemos es alimentar a la máquina con un montón de datos —dijo, haciendo un gesto con las manos que simulaba el acto de arrojar algo—.

Por ejemplo, si quieres que una máquina aprenda a distinguir entre gatos y perros, no le dices "Un gato tiene orejas puntiagudas, un perro tiene orejas caídas". No, lo que haces es mostrarle miles de imágenes de gatos y perros, cada una etiquetada correctamente. La máquina analiza esas imágenes, busca patrones, cosas que se repiten. Y con el tiempo, empieza a reconocer esos patrones y a entender, por así decirlo, qué diferencia a un gato de un perro.

Iker la miró con la frente fruncida, como si procesara cada palabra.

—O sea, que no es que la máquina piense como nosotros, sino que encuentra patrones en los datos, ¿no? —aventuró, su tono reflejando una mezcla de comprensión y duda.

Rocío asintió, sorprendida por la rapidez con la que Iker captaba la idea.

—Exacto. Y eso es lo que llamamos aprendizaje. Pero no te confundas: cuando decimos que la máquina "aprende", no lo hace de la misma manera en que tú aprendes matemáticas o historia. Lo que hace es ajustar su comportamiento con base en los datos que le damos. Si ves que sigue fallando, puedes ajustar los algoritmos que usa, refinar el modelo, darle más datos, hasta que empieza a acertar más a menudo.

Iker se quedó pensativo, procesando lo que acababa de escuchar.

—Pero entonces, ¿hasta qué punto puede la máquina aprender por sí sola? —preguntó tras un momento, demostrando una agudeza que no sorprendía a Rocío, quien había visto a su hermano madurar rápidamente en los últimos años.

—Bueno, esa es la cuestión, ¿verdad? —Rocío respondió, tomando un sorbo de su café frío y mirando al techo como si allí pudiera encontrar la respuesta definitiva—. A día de hoy, las máquinas aún necesitan mucha ayuda de los humanos para aprender. Es como si fueran estudiantes muy listos, pero que aún dependen del profesor para entender los temas más difíciles. Los expertos, como los científicos de datos y los ingenieros, deben elegir cuidadosamente los datos que se usan, diseñar los algoritmos que analizan esos datos y ajustar constantemente los modelos para que funcionen mejor. Pero a medida que los algoritmos se vuelven más sofisticados y las máquinas tienen acceso a más datos, su capacidad para aprender de manera autónoma está aumentando.

Iker ladeó la cabeza, intrigado.

—¿Y hasta dónde puede llegar esto? —preguntó.

Rocío se encogió de hombros, consciente de que lo que estaba a punto de decir rozaba los límites de la especulación.

—El futuro es incierto, pero si seguimos avanzando a este ritmo, es posible que lleguemos a un punto donde las máquinas puedan aprender sin intervención humana. Imagínalo: máquinas que pueden mejorar sus propios modelos sin que tengamos que intervenir, capaces de adaptarse y evolucionar sin que les demos instrucciones específicas. Sería un cambio radical en nuestra relación con la tecnología.

Iker guardó silencio, pensativo, mientras asimilaba la idea.

—¿Entonces, por eso estás tan estresada con tu proyecto? —preguntó finalmente, rompiendo el silencio.

Rocío soltó una carcajada, sincera y liberadora, que resonó en la habitación.

—Sí, en parte. Estoy trabajando en un modelo de machine learning para mi proyecto final, y créeme, no es fácil. Requiere mucha precisión, muchas pruebas, y lo peor de todo, es que aunque creas que has hecho todo bien, la máquina te sorprende fallando en algo que no habías previsto. Pero es también lo que lo hace tan fascinante. Estoy agotada, sí, pero también emocionada. Estoy participando en algo que está cambiando el mundo, aunque a veces no lo veamos.

Iker sonrió, entendiendo un poco más por qué su hermana estaba tan absorta en su trabajo.

—¿Y qué cosas están cambiando? ¿Dónde se usa todo esto? —preguntó, genuinamente interesado.

Rocío se recostó un poco más en la silla, dispuesta a seguir con la charla.

—El machine learning está en todas partes, Iker. Piensa en Netflix, por ejemplo. Cuando terminas de ver una serie y te sugiere otra, eso es machine learning. Analiza lo que has visto antes, lo que te ha gustado, lo que no, y te ofrece algo que cree que disfrutarás. También está en los antivirus de tu ordenador, en la medicina ayudando a los médicos a diagnosticar enfermedades con mayor precisión, e incluso en el *Fortnite* al que tanto juegas. Es una tecnología que, aunque no la veas, está detrás de muchas decisiones que se toman hoy en día, y cada vez está más presente en nuestras vidas."

Iker la miró con una mezcla de asombro y respeto.

—Suena impresionante —dijo, tras un momento de reflexión—. Nunca imaginé que algo tan invisible pudiera tener tanto poder. ¡Pero que conste que ya no juego a *Fortnite*!

Rocío asintió, satisfecha con la conversación.

—Así es. El machine learning es como una fuerza invisible que está moldeando nuestro mundo. Y aunque ahora parezca que dependemos mucho de los humanos para guiar a las máquinas, en un futuro cercano podríamos estar hablando de máquinas que ya no necesiten esa guía. Pero para eso, aún queda mucho camino por recorrer.

Iker se levantó de la cama, estirándose como si él también sintiera algo del agotamiento que pesaba sobre su hermana.

—Gracias, Rocío. Ahora entiendo un poco más por qué estás tan metida en esto. Es fascinante y un poco aterrador a la vez.

Rocío sonrió, con un destello de orgullo en sus ojos cansados.

—Lo es. Pero recuerda, todo esto es solo el principio. Lo que venga después, será aún más increíble.

Iker se despidió con un gesto, probablemente dirigiéndose a su habitación para jugar contra los nuevos bots del *Call of Duty*, dejando a Rocío a solas con su ordenador.

Aunque agotada, sintió una renovada energía al ver cómo su pasión por la tecnología había encendido una chispa de curiosidad en su hermano. Y así, con el sonido del teclado como única compañía, volvió a sumergirse en su trabajo, sabiendo que estaba ayudando a construir un futuro que, aunque incierto, prometía ser tan emocionante como los datos que analizaba.

7 El sueño del bosque: Las redes neuronales

Rocío apagó la pantalla de su portátil con un suspiro profundo. Las horas de estudio y trabajo se amontonaban sobre sus hombros como una carga invisible pero aplastante. Desde que había comenzado a estudiar en detalle la ciencia de datos se había enfrentado desafíos intelectuales que exigían lo mejor de ella, pero nada la había desgastado tanto como la unidad sobre redes neuronales. El concepto era fascinante, una mezcla de biología, matemáticas y ciencia ficción, pero cada detalle técnico parecía una montaña difícil de escalar.

Esa noche, Rocío se dejó caer en la cama, su mente aún girando en torno a capas ocultas, algoritmos de retropropagación y matrices de confusión. A medida que sus ojos se cerraban, el mundo real comenzó a desvanecerse, reemplazado por un paisaje que no había visto nunca antes: un vasto bosque, oscuro y misterioso, pero de una belleza cautivadora.

Rocío se encontraba en medio de un claro en el bosque. El aire estaba impregnado de un suave perfume de musgo y tierra húmeda. A su alrededor, los árboles se alzaban majestuosos, sus troncos gruesos y sus ramas extendiéndose hacia el cielo como dedos enredados en un intrincado baile. Pero estos no eran árboles comunes. Rocío sintió que cada uno de ellos estaba vivo de una manera que iba más allá de lo físico; eran conscientes, conectados entre sí por raíces invisibles que vibraban bajo la tierra.

De repente, El Humo de la Oscuridad comenzó a deslizarse entre los troncos, cubriendo el suelo con una neblina densa y retorcida. Este humo, con una tonalidad que fluctuaba entre el gris profundo y el negro absoluto, traía consigo sonidos, imágenes y palabras que flotaban en el aire como ecos de un mundo distante. Rocío no sabía cómo, pero entendía que el bosque estaba tratando de resolver un misterio, y que ella era parte de ese proceso.

Los árboles a su alrededor comenzaron a moverse, no físicamente, sino en una especie de danza mental. Las raíces sinápticas bajo la tierra vibraban, transmitiendo señales de un árbol a otro. Rocío podía sentirlo, como si fuera un hilo de pensamiento que cruzaba su propia mente. Los árboles parecían deliberar, procesar la información que el Humo de la Oscuridad les traía, y luego, en un susurro conjunto, decidieron. Era como si hubieran llegado a una conclusión tras una serie de complejas operaciones matemáticas.

Rocío caminó por el bosque, observando cómo el humo pasaba por cada árbol, y cómo estos responden ajustando la intensidad de las señales que enviaban. Las raíces parecían cambiar de grosor, algunas se hacían más fuertes mientras que otras se atenúan, reflejando el ajuste de los pesos en una red neuronal. Las conexiones entre los árboles se volvían más precisas y eficientes, hasta que el bosque entero resolvía el enigma traído por el humo. Era como si el bosque mismo estuviera aprendiendo, mejorando con cada desafío.

El bosque no solo vive, respira con una conciencia colectiva, como las redes neuronales que se entrelazan para aprender y mejorar, cada rama una decisión, cada hoja un patrón.

De repente, Rocío se encontró frente a un árbol que parecía diferente de los demás. Era un **gran árbol blanco**, majestuoso y antiguo, cuyas raíces se extendían profundamente por todo el bosque, conectando cada rincón de esa vasta red subterránea. Su corteza era lisa, de un blanco casi plateado que brillaba con una luz suave y misteriosa, como si portara en su interior la esencia misma del conocimiento acumulado durante siglos.

Este árbol era el **Guardián del Bosque**. No era simplemente un árbol más; era el más sabio de todos, el que supervisaba cada conexión, cada decisión, y aseguraba que el flujo de información fuera correcto y preciso. Las raíces del gran árbol blanco vibraban con una energía especial, transmitiendo las decisiones y ajustando los pesos de las conexiones para que el bosque, en su conjunto, pudiera aprender y evolucionar.

Con una mezcla de reverencia y curiosidad, Rocío extendió la mano hacia el árbol, y al tocar su corteza, un torrente de imágenes invadió su mente: gatos, perros, números, palabras... y luego, todo se volvió oscuro.

Rocío despertó de golpe, su corazón latía con fuerza. Estaba de vuelta en su cama, la habitación en penumbra. Pero su mente seguía en el bosque. Poco a poco, las piezas del rompecabezas empezaron a encajar. El bosque era una metáfora, un espejo de lo que había estado estudiando sobre las redes neuronales. Los árboles eran las neuronas, cada una procesando información y transmitiéndola a otras neuronas a través de las raíces, que no eran más que las conexiones sinápticas. El Humo de la Oscuridad era el input de datos, y el Guardián del Bosque, el algoritmo que ajustaba los pesos para que el aprendizaje fuera más efectivo.

De repente, todo tenía sentido. La estructura del bosque, la forma en que los árboles interactúan, cómo la información fluye de un lugar a otro... Así es como funcionan las redes neuronales. Rocío se dio cuenta de que su mente había tejido este sueño para ayudarle a comprender lo que antes parecía incomprensible.

Con el amanecer asomando por la ventana, Rocío se levantó con una nueva energía. Sabía que había encontrado algo más que una simple comprensión técnica; había experimentado la esencia misma de las redes neuronales. En su sueño, el bosque le había mostrado lo que los libros no podían: que en cada capa, en cada conexión, había vida, un proceso casi orgánico que daba lugar al aprendizaje.

Se dirigió de nuevo a su portátil, esta vez con una claridad renovada. Sabía que, como en su sueño del Bosque de la Mente, cada decisión, cada ajuste en los pesos, llevaba a una mayor comprensión, y que en ese proceso radica la verdadera magia de las redes neuronales.

8 Visión entrenada: Más allá de los píxeles.

La noche era una cortina pesada que Iker no lograba apartar de su mente. Había algo en la conversación con su hermana Rocío sobre IA que lo tenía en vilo. Algo sobre la posibilidad de ver el mundo de una manera completamente nueva. No pudo esperar más y llamó a su mejor amigo Adrián.

—Tío Adri, tienes que saber esto. ¿Sabes que la IA permite que las máquinas "vean" como si fueran personas, incluso mucho mejor? ¡Imagínate si pudiéramos usar eso para mejorar en el Tarkov! —dijo Iker, con la voz acelerada.

Adri se recostó en la silla de su habitación, intrigado. —¿Ver como si fueran personas? ¿Qué quieres decir?

—Es algo llamado visión artificial —explicó Iker, recordando lo que Rocío le había contado—. Las máquinas analizan imágenes como nosotros, pero para ellas, una imagen es un montón de números, una matriz de píxeles. Con la visión artificial, pueden entender esos números y reconocer lo que hay en la imagen, como si fueran humanos. Por ejemplo, pueden identificar objetos, caras, y hasta patrones que nosotros no podemos ver.

—Eso suena... increíble —murmuró Adri—. ¿Y cómo nos ayuda en el Tarkov?

Iker sonrió, sabiendo que había captado la atención de su amigo. —Rocío me contó de un proyecto que podríamos intentar. Imagina un sistema que use esa visión artificial para observar cómo jugamos en tiempo real y darnos consejos al instante. Como un entrenador virtual en realidad aumentada que te diga qué estás haciendo mal y cómo mejorarlo. Podría analizar cómo te mueves, cómo apuntas, cómo usas el mando... ¡todo!

Adri se sentó derecho, con los ojos brillando de entusiasmo. —¿En serio podríamos hacer eso? Pero, ¿cómo?

—Pues, necesitamos una cámara, y las gafas de realidad aumentada que vi en la tienda el otro día. La cámara capturará todos nuestros movimientos mientras jugamos. Luego, la IA lo analizará todo usando visión artificial. Por ejemplo, si el sistema detecta que levantamos demasiado el mando cuando disparamos, nos lo indicará en tiempo real para que corrijamos eso. Y no solo eso: puede crear simulaciones de combate, desafíos personalizados para que practiquemos fuera del juego, mejorando nuestras habilidades sin ni siquiera encender la consola.

Adri estaba boquiabierto. —¡Eso sería como tener un entrenador personal que nos haga invencibles!

—Exacto —confirmó Iker—. Además, podríamos competir entre nosotros, ver quién mejora más rápido, o incluso crear una liguilla competitiva de amigos. Sería algo grande.

—Entonces, ¿a qué estamos esperando? —dijo Adri, levantándose de un salto—. Necesitamos hablar con alguien que nos pueda ayudar a configurar todo esto. Quizás tu hermana Rocío, mis hermanos o algún amigo de su clase nos pueda echar una mano. Podemos usar nuestras habilidades para hacer algo que ni los adultos conocen aún. ¡Vamos a hacerlo!

Iker colgó el teléfono con Adri y se dirigió al escritorio de su habitación, donde la pantalla del ordenador estaba llena de páginas web sobre visión artificial y redes neuronales. Su mente no dejaba de correr con ideas y planes para su nuevo proyecto. A medida que exploraba más, sus ojos recorrían los artículos, diagramas y explicaciones técnicas, intentando asimilar todo lo que podía.

Las redes neuronales convolucionales (CNN), leía, eran el corazón de la visión artificial moderna. A medida que profundizaba en su estructura, Iker se dio cuenta de lo complejas pero fascinantes que eran. Eran como entrenadores incansables, refinando su estrategia con cada batalla, hasta que nada escapara a su visión.

Las capas convolucionales eran los exploradores, identificando lo esencial entre el caos de los píxeles. A medida que se profundiza en la red, las capas posteriores comienzan a identificar patrones más complejos: formas, objetos, incluso rostros.

Luego estaban las capas de activación, como la ReLU (Rectified Linear Unit), que introducen no linealidad en el modelo, permitiendo que la red aprenda funciones más complejas. Iker comprendió que esta capa era como el comandante que decide qué información era valiosa y cuál no, descartando lo irrelevante y enfocándose en lo que realmente importa.

Lo que realmente llamó la atención de Iker fue la capa de pooling. Este proceso reduce la dimensionalidad de los mapas de características, haciendo que el modelo sea más robusto frente a pequeñas variaciones en la imagen. Es como si la red aprendiera a ignorar los detalles insignificantes y a concentrarse en lo que realmente hace la diferencia.

Finalmente, Iker llegó a la capa completamente conectada, donde todas las características aprendidas se combinan para hacer la predicción final. Aquí comprendió que la IA hacía su jugada decisiva, evaluando todo lo que había aprendido para dar una respuesta.

Iker estaba tan inmerso en sus pensamientos que no se dio cuenta de que su hermana Rocío había estado escuchando parte de la conversación desde la puerta entreabierta.

—Entonces… ¿Quieres convertirte en un maestro del *Escape from Tarkov* con un entrenador virtual, eh? —dijo Rocío con una sonrisa divertida, apoyándose en el marco de la puerta.

Iker se sobresaltó, pero luego sonrió al verla. —¡Rocío! No sabía que estabas ahí. Sí, eso es lo que quiero. Creo que podríamos lograrlo con lo que me contaste sobre la visión artificial.

Rocío entró en la habitación y se sentó en la cama de Iker, cruzando las piernas. —Es una idea interesante, y es genial ver que estás tan motivado. Pero si realmente quieres hacer algo así, necesitarás un poco de ayuda.

—¿Ayuda? ¿De quién? —preguntó Iker, intrigado.

—Bueno, podríamos hablar con Zack. Ya sabes, es un poco más pequeño que nosotros, pero es muy bueno con los videojuegos. No solo es un crack jugando, sino que también sabe un montón de cosas sobre tecnología.. Puede que él tenga algunas ideas sobre cómo hacer que esto funcione.

Iker estaba emocionado, aunque un poco sorprendido. —¿Zack? ¿El pequeño Zack? Siempre pensé que solo jugaba porque le gustaba, no que supiera tanto sobre cómo funcionaba todo detrás de los juegos.

—Sí, yo también lo pensaba —dijo Rocío, encogiéndose de hombros—, pero resulta que es un genio en esto. Le hablé de tu idea por mensajes y parece que está muy interesado en ayudarnos. De hecho, quiere venir a hablar con nosotros hoy mismo.

Esa tarde, Zack llegó a la casa de Iker con su mochila, como siempre hacía cuando venía a jugar.

Zack, un chico de pelo oscuro y ojos llenos de curiosidad, saludó con una sonrisa tímida mientras entraba en la habitación de Iker.

—Hola, Iker, Rocío me contó sobre tu idea. Suena increíble. Creo que podríamos hacer algo muy guay con eso.

Iker le devolvió la sonrisa, todavía un poco sorprendido por lo que Rocío había dicho.

—Sí, eso espero. Queremos crear un entrenador virtual que nos ayude a mejorar en el Tarkov usando visión artificial. ¿Crees que podríamos hacerlo?

Zack asintió con entusiasmo, pero su tono seguía siendo el de un chico de su edad, lleno de pasión por lo que le gustaba.

—Definitivamente, podríamos intentarlo. Sabes, he estado leyendo sobre esas cosas, sobre cómo las máquinas pueden "ver" imágenes y entenderlas. Es como si las entrenaran para que reconozcan patrones y cosas así. Pero lo que realmente hace que funcionen bien es… bueno, la información que les das. Mis padres me contaron algo interesante al respecto.

Iker se inclinó hacia adelante, cada vez más interesado.

—¿Qué te contaron?

Zack se puso un poco nervioso, sabiendo que estaba a punto de soltar algo grande.

—Resulta que nuestros padres trabajaron juntos en un proyecto parecido hace unos años. Estaban probando un prototipo de entrenador virtual, algo muy parecido a lo que tú quieres hacer. Pero no lo sabíamos porque era un proyecto experimental. Lo usaron para analizar el rendimiento de los jugadores y darles consejos en tiempo real.

Iker abrió los ojos de par en par.

—¿Nuestros padres? No me lo puedo creer.

—Sí —continuó Zack, con una pequeña sonrisa—. No me lo dijeron directamente, pero lo descubrí espiando en sus cosas... ya sabes, como hacemos a veces. Lo más increíble es que entrenaron la IA con datos de los mejores jugadores del mundo. ¡Imagina! Es como si la IA hubiera aprendido de los mejores, como si esos jugadores le hubieran enseñado todos sus trucos. Por eso funcionó tan bien. No era solo la tecnología en sí, sino lo bien que habían entrenado a la IA con esa información tan valiosa.

Adri, que había estado escuchando en silencio, intervino entonces.

—Así que, lo que nos falta no es solo construirlo, sino también asegurarnos de que lo que le enseñamos a la IA sea de lo mejor. Si conseguimos eso, podríamos crear algo realmente bueno, ¿no?

—Exacto —dijo Zack, con una mezcla de emoción y humildad—. Pero hay que recordar que, por mucho que la tecnología sea importante, también lo es cómo la usamos y el esfuerzo que ponemos. Eso fue lo que hizo que funcionara tan bien el proyecto de nuestros padres.

Iker asintió, comprendiendo la lección que Zack había compartido con ellos. Lo que al principio parecía un simple proyecto para mejorar en los videojuegos, ahora se había transformado en algo mucho más grande, una oportunidad para aprender, experimentar y, sobre todo, entender el verdadero poder de la combinación entre tecnología y conocimiento humano.

—Vamos a hacerlo —dijo Iker, decidido—. Pero lo haremos bien, usando lo mejor de la tecnología y lo mejor de nosotros mismos.

Zack sonrió y asintió, pero antes de que pudieran ponerse a trabajar, Iker se rió y agregó con una chispa en los ojos:

—Aunque, si me preguntas, podríamos empezar por aplicar algo de IA al juego para que no tardara tanto en cargar entre partida y partida. ¡Eso sí que sería una mejora!

La risa se mezcló con la emoción de lo que estaban a punto de emprender. Sabían que, más allá de los retos, estaban a punto de vivir una aventura tecnológica y personal que les cambiaría para siempre.

9. Espías en la galería de píxeles.

El campus universitario bullía con la energía mientras Iker y Zack, dos adolescentes con más curiosidad que edad para estar en la universidad, se movían entre la multitud de estudiantes con la astucia de quienes saben que no deberían estar allí. No estaban en busca de adelantar créditos sino de algo mucho más valioso para ellos: conocimientos para su proyecto.

Habían escuchado rumores sobre un profesor que explicaba la visión por computadora de una forma tan clara que hasta los más neófitos en la materia podían entenderlo. Sin pensarlo dos veces, decidieron colarse en una de sus clases. Encontraron asientos en la última fila de un aula grande, con largas mesas de madera y una pizarra digital que dominaba la pared frontal. Se acomodaron rápidamente, tratando de no llamar la atención mientras el profesor comenzaba a hablar.

—Imagina que estás en una galería de arte digital —empezó el profesor, su voz firme y resonante capturando inmediatamente la atención de todos—, donde cada cuadro no está hecho de pinceladas, sino de pequeños puntos de luz llamados píxeles. Este es el mundo de las imágenes digitales, donde cada imagen es una representación bidimensional de la realidad, creada por miles o millones de estos píxeles.

El profesor se detuvo un momento, como si quisiera asegurarse de que todos lo seguían antes de continuar.

—Cada píxel tiene un valor que determina su brillo y color, y juntos forman la imagen que ves en la pantalla. La nitidez de esta imagen depende de cuántos píxeles se utilicen en total; esto es lo que llamamos resolución.

Los estudiantes, incluyendo a Iker y Zack, estaban completamente concentrados en la explicación, que fluía con la facilidad de alguien que conoce bien su tema.

—Ahora, cuando observamos una imagen, podemos analizar cómo se distribuyen esos brillos y colores con algo llamado **histograma**. Imagina que es como un gráfico que te muestra cuántos píxeles son oscuros, cuántos son brillantes y cuántos están en algún punto intermedio. Con este histograma, es posible entender si una imagen es muy oscura, demasiado brillante o si tiene un buen contraste entre luces y sombras.

El profesor hizo una pausa, dejando que la información se asentara antes de pasar al siguiente punto.

—Pero, a veces, una imagen no se ve del todo bien: quizás tiene mucho ruido o los detalles no son tan claros. Aquí es donde entra el **filtrado de imágenes**. Este proceso aplica "filtros" que pueden suavizar la imagen para hacerla más agradable, o resaltar los bordes para que los detalles sean más visibles, como cuando se enfoca una cámara.

Iker y Zack seguían atentos, absorbiendo cada palabra mientras el profesor continuaba.

—Una de las técnicas más fascinantes es la **detección de bordes**. Piensa en ello como si estuvieras dibujando un contorno de los objetos que ves en una foto. Este contorno se forma en los lugares donde hay un cambio brusco de color o luz, marcando los límites de los objetos en la imagen. Es como trazar las líneas en un dibujo para separar cada elemento.

La explicación continuó sin interrupciones, pasando a temas más avanzados.

—Después de detectar los bordes, es hora de **segmentar la imagen**. Esto es como si tomaras una imagen y la dividieras en secciones que tienen algo en común, como el mismo color o textura. Así, podrías separar el cielo de las montañas en una foto de un paisaje.

El profesor, ahora completamente inmerso en su exposición, se adentró en la **transformada de Hough**, una técnica matemática que permite identificar formas geométricas específicas en una imagen, y luego en el **reconocimiento de patrones**, comparándolo con enseñar a una máquina a reconocer objetos después de mostrarle muchos ejemplos.

—En la era moderna —continuó—, las técnicas más sofisticadas de visión artificial utilizan redes neuronales convolucionales, conocidas como **CNNs**. Estas redes funcionan como un cerebro simplificado que aprende a reconocer patrones visuales sin ayuda humana, siendo capaces de identificar desde simples bordes hasta objetos complejos, como un coche o una persona, en una imagen.

El profesor también habló sobre **transfer learning**, una técnica clave para aprovechar modelos ya entrenados en tareas similares y adaptarlos a nuevas tareas, ahorrando tiempo y recursos en el entrenamiento. Es como partir de un conocimiento previo en lugar de empezar de cero.

—En el campo de la creación de imágenes —prosiguió—, las **GANs** son un par de redes que trabajan juntas: una crea imágenes falsas, mientras que la otra las evalúa. Es como un juego entre dos artistas, uno creando y el otro criticando, hasta que las obras se vuelven casi indistinguibles de las reales.

El profesor luego explicó los autoencoders, dándoles el tiempo que merecían:

—Los **autoencoders** son fascinantes porque aprenden a comprimir una imagen en una representación más pequeña y luego reconstruirla. Es una forma de capturar la esencia de la imagen sin perder demasiada información, lo que es útil no solo para comprimir imágenes, sino también para crear nuevas imágenes basadas en patrones aprendidos. Esto es esencial en tareas como la reducción de ruido y la generación de datos sintéticos.

Finalmente, llegó a los **Vision Transformers:**

—Los Vision Transformers son una innovación reciente que está cambiando cómo analizamos las imágenes. En lugar de procesar la imagen entera de una vez, dividen la imagen en pequeñas partes y analizan cada una en el contexto de las demás. Esto permite una comprensión más profunda y global de la imagen, logrando captar relaciones complejas entre diferentes partes de la imagen que otros métodos podrían pasar por alto.

Cerró su exposición subrayando que cada una de estas técnicas es esencial para que las máquinas puedan ver y entender el mundo visual que nos rodea.

Cuando la clase terminó, Iker y Zack se levantaron rápidamente, intentando pasar desapercibidos. Se dirigieron hacia la puerta con paso rápido, pero tan pronto como estuvieron fuera del aula, echaron a correr por el pasillo, riendo a carcajadas mientras se alejaban del edificio.

—¡Menudo rollo de clase! —bromeó Iker, aún riendo.

—¡Sí, un rollo que nos ha enganchado! —respondió Zack, con una sonrisa cómplice.

Salieron al aire libre, jadeando y riendo, sabiendo que habían escapado por los pelos de ser descubiertos. Mientras corrían hacia la salida del campus, no podían evitar imaginar la cara del profesor si hubiera sabido que se habían colado. Pero al final, la travesura había valido la pena: habían aprendido más de lo que esperaban, y esa pequeña aventura les dejó con ganas de más.

10. El frente invisible:
Códigos de guerra.

La primavera de 1942 había llegado a Nueva Jersey mientras el mundo se consumía en la devastación de la Segunda Guerra Mundial.

En Asia, la reciente caída de Singapur había sacudido al Imperio Británico, marcando un punto crítico en la expansión japonesa.

En Fort Dix, una base militar al sur de Trenton, se libraba otra batalla, menos visible pero igualmente crucial, donde el silencio y el ingenio eran las armas más afiladas, y el destino de la guerra dependía de aquellos que trabajaban en las sombras, lejos del fragor de los combates. Aquello se había convertido en un hervidero de actividad, era un punto neurálgico para el entrenamiento de las tropas que pronto iban a cruzar el Atlántico. Las fábricas cercanas en Newark y Camden trabajaban sin descanso, produciendo aviones, municiones y material bélico para los distintos frentes de batalla. Las luces de la ciudad, apagadas por los simulacros de oscurecimiento, contribuían a crear una atmósfera de constante tensión, recordando que la guerra no solo se libraba en tierras lejanas, sino también en los corazones y mentes de quienes permanecían en casa.

En este contexto, los laboratorios Bell Labs, situados a pocos kilómetros de la base, se convirtieron en un refugio para las mentes más brillantes del mundo occidental, encargadas de descifrar los complejos códigos que mantenían a los ejércitos aliados un paso adelante de sus enemigos. En un despacho humilde, repleto de papeles y diagramas, dos hombres se reunían regularmente para discutir no solo sobre la guerra, sino sobre el futuro de la humanidad.

Uno era Alan Turing, el matemático británico que había jugado un papel crucial en el descifrado de la máquina Enigma. El otro, Claude Shannon, un joven ingeniero cuyas ideas sobre la teoría de la información comenzaban a tomar forma, prometiendo revolucionar la comunicación en los años venideros.

Aquella noche, la conversación entre Turing y Shannon en Bell Labs estaba inmersa en un flujo de ideas tan denso como el humo de los cigarrillos que se elevaba hacia el techo.

—Claude, llevo tiempo reflexionando sobre la posibilidad de que las máquinas puedan resolver problemas que hemos considerado exclusivamente humanos —dijo Turing, tamborileando con los dedos sobre un conjunto de papeles frente a él—. Hace unos años, describí una máquina teórica que podría calcular cualquier cosa computable, dadas las reglas adecuadas. Ahora me pregunto hasta dónde podemos llevar esta idea, no sólo en términos de cálculo, sino en la toma de decisiones autónomas.

Shannon, revisando un diagrama en su libreta, levantó la vista y asintió.

—La Máquina de Turing establece los fundamentos de la computación, pero, ¿qué pasa con la comunicación de esa información? Estoy trabajando en cómo cuantificar la información, cómo codificarla y transmitirla de manera eficiente, incluso a través de canales ruidosos. Podemos reducir la incertidumbre y optimizar la transmisión de mensajes cruciales, como los que manejamos en criptoanálisis.

Turing inclinó la cabeza, intrigado.

—Entropía, ¿verdad? Describes la entropía como una medida de la incertidumbre en un sistema de información.

—Exacto —respondió Shannon, con la mirada enfocada más allá de las paredes de la habitación—. Si entendemos la incertidumbre en un mensaje, podemos diseñar un sistema que minimice esa incertidumbre al transmitirlo, asegurando que se pierda la menor cantidad de información posible. Esto es crucial, especialmente en criptografía, donde cualquier error podría ser desastroso.

—Podríamos usar tu concepto de entropía para optimizar los sistemas de cifrado y descifrado —añadió Turing, pensativo—. Imagina predecir la incertidumbre en un mensaje interceptado y usarla para descifrarlo más rápido. Sería un avance tremendo en nuestro trabajo con Enigma y Lorenz.

Shannon asintió, y sus ojos se iluminaron.

—Y no solo eso. Podríamos aplicar esto al diseño de máquinas futuras, que no solo realicen cálculos, sino que gestionen la información de manera más eficiente, adaptándose a los patrones de datos que reciben.

Turing sonrió.

—Es interesante cómo nuestras ideas convergen, Claude. Mientras tú te concentras en cómo la información puede ser transmitida y recibida de manera óptima, yo estoy obsesionado con cómo una máquina podría usar esa información para "pensar", para tomar decisiones. Aunque, claro, no hablamos de "pensamiento" en el sentido humano, sino de procesamiento avanzado de datos.

—Esa distinción podría desdibujarse —añadió Shannon, apoyando un codo en la mesa—. Tu idea del "Test de Turing", aunque no lo hayas formulado completamente, sugiere que una máquina podría ser indistinguible de un humano en ciertos aspectos. Para eso, tendría que manejar la información de manera extremadamente eficiente, casi como lo hace un ser humano. Mi teoría de la información podría ser una pieza clave del rompecabezas.

La conversación fluyó con naturalidad, como un río que sigue su curso a través de terrenos accidentados. Afuera, las luces de la ciudad seguían apagadas, mientras la guerra continuaba en Europa, en el Pacífico, y también en aquella pequeña habitación de Fort Dix. Allí, dos mentes brillantes tejían la trama de un futuro que apenas comenzaban a imaginar, un futuro donde la guerra de la información se convertiría en la nueva frontera de la inteligencia humana.

Mientras la noche caía sobre Fort Dix, Turing y Shannon continuaban su conversación, conscientes de que sus ideas, aunque distintas, estaban entrelazadas por un destino común que trascendía el presente.

Turing volvió a Inglaterra, y la criptografía con él a cabeza desde Bletchley Park, se convirtió en un arma decisiva.

Su máquina "Bombe" rompió los códigos nazis, permitiendo a los Aliados anticipar los movimientos de los letales U-boats alemanes que acechaban en el Atlántico, y mantener abiertas las vitales rutas de suministro.

En el vasto y azul Pacífico, el desciframiento del código japonés fue clave en Midway, una remota isla que se alzó como el campo de batalla decisivo. Los estadounidenses, preparados y expectantes, hundieron cuatro portaaviones enemigos, cambiando el rumbo de la guerra.

Y en muchas otras batallas, estos avances, junto con el arte del engaño, resultaron decisivos, culminando en el propio Día D, cuando Normandía selló su destino.

Turing y Shannon con sus ideas perfilaron un futuro donde la información y la tecnología no solo ganaban la guerra, sino que redefinían el destino de la humanidad.

11. La revolución del lenguaje: Misterios de la mente.

La guerra había terminado, y aunque las décadas no lograron borrar sus cicatrices, transformaron las ambiciones de una sociedad que había sobrevivido al mayor conflicto de la historia. Mientras el mundo se sumergía en la Guerra Fría, lo que alguna vez fue un hervidero de actividad militar se convirtió en un vestigio del pasado. Las conversaciones clandestinas entre Alan Turing y Claude Shannon, que definieron un nuevo horizonte para la ciencia, comenzaban a revelar su verdadera importancia.

Veinte años después, en una tarde otoñal de 1962, los fríos vientos que azotaban Cambridge arrastraban no solo las hojas secas, sino también los resquicios de aquel mundo convulso. Harvard, envuelto en tradición académica y ebullición intelectual, se había convertido en un crisol donde las ideas de Turing, Shannon y otros contemporáneos empezaban a tomar forma definitiva. El campus, con sus pasillos góticos y su atmósfera de prestigio, acogía a veteranos de guerra junto a la élite académica, en un ambiente que mezclaba respeto por el pasado con una vibrante curiosidad por el futuro.

En los pasillos del Departamento de Psicología, la discusión sobre la estructura profunda del lenguaje y su relación con la teoría de la información resonaba con intensidad. La teoría de la información, vital en la lucha contra las potencias del Eje, se había transformado en la piedra angular de una nueva disciplina que unía la psicología, la lingüística y la computación en un esfuerzo por desentrañar los misterios de la mente humana.

Era una tarde fría de otoño cuando George A. Miller, un psicólogo cognitivo decidido a romper con el conductismo tradicional, se reunió con Noam Chomsky, un joven lingüista cuya teoría de la gramática generativa estaba revolucionando la comprensión del lenguaje. En una sala de seminarios, rodeados por los ecos de siglos de conocimiento, discutieron cómo las ideas surgidas en tiempos de guerra podían transformar el estudio del lenguaje y la mente.

—Tu teoría de la gramática generativa, Noam —comenzó Miller, ajustando sus gafas—, es como un código universal del lenguaje. La estructura del lenguaje no es solo una cuestión de palabras y frases, sino una manifestación de nuestra capacidad innata para generar un número infinito de oraciones a partir de un conjunto finito de reglas.

Chomsky, con su mirada aguda, respondió:

—Me interesa cómo estas reglas son representadas y procesadas en la mente, y cómo esto difiere radicalmente del enfoque conductista tradicional.

—Exactamente —dijo Miller, reflexionando—. Durante años, el conductismo ha dominado, insistiendo en que solo lo observable y medible tiene valor. Pero la mente humana no es solo una caja negra que reacciona a estímulos. Es un sistema complejo que procesa información, y en esto, la teoría de la información de Shannon podría darnos pistas cruciales.

—Shannon —repitió Chomsky con interés—. Su trabajo sobre la teoría de la información tiene implicaciones profundas para la lingüística. La entropía, la redundancia, la capacidad de canal... Todos estos conceptos pueden ayudarnos a entender cómo se transmite y procesa el lenguaje en la mente humana.

Miller sonrió, como si de repente todas las piezas comenzaran a encajar.

—Shannon nos mostró cómo cuantificar la información, cómo manejar la incertidumbre en la transmisión de datos. Si combinamos eso con tu estructura lingüística, podríamos empezar a ver la mente como un procesador de información, que no solo almacena y recupera datos, sino que también organiza y genera significados complejos.

—Es una posibilidad —admitió Chomsky—, aunque me preocupa que al enfocarnos demasiado en la teoría de la información, perdamos de vista lo que realmente hace al lenguaje humano tan único: la creatividad, la capacidad de generar nuevas ideas y significados.

Miller no estaba dispuesto a ceder.

—Pero esa es precisamente la belleza de tu trabajo, Noam. Tu gramática generativa no es solo un conjunto de reglas formales; es una representación de la creatividad inherente del lenguaje humano. Shannon nos da las herramientas para cuantificar, pero tu trabajo proporciona el marco necesario para entender cómo se organiza esa información a nivel cognitivo. Es un enfoque interdisciplinario que podría revolucionar tanto la psicología como la lingüística.

Mientras avanzaban aquellos años y Harvard seguía siendo un epicentro de innovación intelectual, la conversación entre Chomsky y Miller comenzó a resonar más allá de las paredes del campus. Sus ideas, combinadas con las de otros pensadores de la época, contribuyeron a una explosión de descubrimientos en diversas ramas del conocimiento.

Aquella época vio el surgimiento del Procesamiento del Lenguaje Natural (NLP, por sus siglas en inglés), una disciplina que permitía a las máquinas entender y generar lenguaje humano. En 1966, Joseph Weizenbaum desarrolló ELIZA en el MIT, un programa que simulaba conversaciones en lenguaje natural, demostrando que las ideas discutidas en Harvard tenían aplicaciones prácticas. Mientras tanto, en la Universidad de Pensilvania, Zellig Harris, mentor de Chomsky, lideraba el Linguistic String Project, sentando las bases para futuros desarrollos en la lingüística computacional.

El impacto de estos esfuerzos fue acumulativo. Las ideas de Chomsky sobre gramática generativa, la teoría de la información de Shannon y los estudios de psicología cognitiva de Miller se entrelazaron, formando un tejido interdisciplinario que impulsó avances tecnológicos significativos en las décadas siguientes.

En los años 90, Miller desarrolló WordNet, una base de datos léxica que organiza palabras en redes semánticas, integrando múltiples disciplinas en una herramienta fundamental para el NLP moderno. El desarrollo del NLP es un testimonio de la colaboración entre las mentes más brillantes del siglo XX, que transformaron la relación entre humanos y máquinas.

Hoy, las aplicaciones del NLP son omnipresentes. Desde **asistentes virtuales** que nos ayudan a diario hasta **traductores** automáticos que eliminan barreras idiomáticas, y **modelos de lenguaje avanzados** que impulsan la creatividad y la productividad en múltiples campos y no existirían sin las bases establecidas por esos primeros pioneros.

En los pasillos de universidades y laboratorios, se fraguó una revolución que transformó para siempre la relación entre humanos y máquinas. Lo que comenzó como un esfuerzo por entender el lenguaje y la mente, hoy son tecnología habitual.

Cada interacción que tenemos con algunas de ellas, como ChatGPT, es un eco de esas primeras conversaciones entre Turing, Shannon, Chomsky y Miller. Su legado sigue vivo, expandiéndose y redefiniendo lo posible, mientras el procesamiento del lenguaje natural continúa siendo un pilar fundamental de nuestra vida cotidiana.

12. Lenguaje natural, procesamiento artificial.

Rocío se sentó en la mesa de la biblioteca de la universidad, rodeada de libros y apuntes. La luz de la tarde entraba por las altas ventanas, bañando en un tono suave las estanterías repletas de volúmenes olvidados. El silencio, roto sólo por el susurro de las hojas y el ocasional crujido de una silla, era el escenario perfecto para perderse en el conocimiento. Abrió su cuaderno, donde había escrito en grandes letras "NLP", y se preparó para sumergirse en esa nueva lección.

—Procesamiento del Lenguaje Natural —repitió en voz baja, sopesando cada sílaba como si desenterrara un misterio antiguo—. Qué forma tan elaborada de expresar cómo las máquinas buscan comprendernos.

Había algo en esa idea que la fascinaba. El hecho de que las computadoras, esos fríos artefactos de metal y silicona, pudieran descomponer, analizar y comprender el lenguaje humano, lo que era intrínsecamente nuestro, le parecía una proeza extraordinaria, casi mágica. Pensó en Noam Chomsky y sus teorías sobre la gramática generativa, en cómo había desafiado la visión tradicional del lenguaje. Si Chomsky supiera cómo su trabajo sobre la estructura del lenguaje había influido en la forma en que las máquinas ahora intentaban comprenderlo, ¿se sentiría asombrado o inquieto?

—El primer paso es dividir el texto —continuó Rocío en voz baja, repasando mentalmente la lección—. Lo llaman tokenización, que no es más que separar la oración en sus partes más pequeñas, como cuando desmontas un juguete para ver cómo funciona. Cada palabra se convierte en un "token", un pequeño fragmento que la máquina puede manejar.

Recordó entonces el trabajo de Claude Shannon, el padre de la teoría de la información. Él había sido el primero en cuantificar cómo se podría transmitir y procesar la información, algo que sentó las bases para todo lo que ahora estudiaba. Shannon había transformado la información en algo manejable, en esos ceros y unos que permitían a las máquinas hacer magia.

—Después viene la sintaxis, donde la computadora organiza esos tokens, como si armara un rompecabezas —prosiguió, dibujando mentalmente las piezas—. Es como cuando aprendes en la escuela a identificar el sujeto, el verbo y el complemento. Pero aquí, es una máquina la que lo hace, y necesita entender cómo las palabras se conectan para formar una oración con sentido.

Mientras pensaba en eso, no pudo evitar que la figura de Alan Turing le viniera a la mente. Él había imaginado máquinas capaces de hacer casi cualquier cosa que una mente humana pudiera hacer, y había propuesto la famosa prueba para determinar si una máquina podía "pensar". Ahora, esas mismas máquinas estaban tratando de descifrar el lenguaje humano, tal como él había soñado, aunque quizás nunca habría previsto hasta qué punto llegaría su idea.

—Y luego, el **análisis semántico** —dijo, disfrutando del peso de las palabras—. Aquí es donde la máquina intenta comprender el significado de esas palabras. Pero el reto está en que muchas palabras pueden significar varias cosas según el contexto. Como "banco", que puede ser un asiento o un lugar para guardar dinero. La computadora tiene que deducir qué es lo que queremos decir basándose en las pistas que dejamos en la oración.

Pensó en George Miller y su trabajo sobre la psicología cognitiva, cómo había explorado los límites de la memoria humana y cómo el cerebro procesaba la información. Las máquinas estaban ahora replicando esos procesos, intentando comprender el significado más allá de la simple estructura de las palabras, casi como si estuvieran replicando los propios límites del pensamiento humano.

—Reconocimiento de entidades nombradas —continuó, esta vez con un leve tono de admiración—. Aquí, la máquina identifica los nombres importantes, como los de personas, lugares o fechas. Es como si, en medio de un mar de palabras, pudiera reconocer a los protagonistas de la historia: quiénes son, dónde están y cuándo ocurre todo.

Con cada paso que daba en su estudio, Rocío sentía que se acercaba un poco más a esa frontera entre lo humano y lo artificial, entre la poesía de las palabras y la lógica del código. Cerró los ojos un momento, imaginando a las máquinas del futuro, quizás no tan lejano, capaces de comprender no sólo el significado de sus palabras, sino también los sentimientos que estas podían albergar.

—Y finalmente, la máquina **responde** —reflexionó, como si hablara con una amiga invisible—. Después de descomponer, analizar y comprender, genera una respuesta. Es como si, después de todo ese esfuerzo, la máquina intentara hablar nuestro idioma, dándonos la información que necesitamos o cumpliendo con lo que le pedimos.

Rocío sabía que ese camino aún estaba lleno de obstáculos, que la comprensión completa del lenguaje humano por parte de una máquina era un sueño lejano. Pero en ese momento, en la quietud de la biblioteca, sintió que estaba participando en algo grande, en la creación de un puente entre dos mundos: el de los humanos y el de las máquinas.

—Claro que no es fácil —se dijo a sí misma, consciente de los desafíos que había leído—. El lenguaje es complicado, lleno de ambigüedades. Y además, hay miles de idiomas y cada uno con sus propias reglas. La máquina tiene que aprender todo eso, y a veces hasta puede caer en los mismos errores y prejuicios que nosotros, si no tenemos cuidado.

Rocío sentía una mezcla de respeto y curiosidad por los obstáculos que enfrentaban estas máquinas. Sabía que los investigadores estaban trabajando duro para superar esos desafíos, para hacer que las máquinas no solo entiendan las palabras, sino también el contexto, el alma detrás de cada frase.

Quizás algún día, estas máquinas puedan no solo entendernos, sino también acompañarnos en nuestras reflexiones, en nuestros sueños, en nuestra poesía.

Sonrió, cerrando el cuaderno con un suave golpe, sintiendo que había avanzado un paso más en su viaje. Un viaje en el que las palabras eran tanto un desafío como una promesa, y en el que ella, Rocío, estaba decidida a desentrañar los códigos ocultos del lenguaje y de la mente humana.

13. Aulas del futuro (y presente): La IA en la educación.

Rocío entró en el burger como quien busca un refugio al final de una larga jornada. Como cada viernes, había quedado allí con sus amigos, un ritual que mantenían desde que empezaron la universidad. La noche había caído sobre Madrid y el aire fresco de principios de otoño traía consigo una sensación de alivio después de una semana intensa. Sus amigos ya la esperaban en una mesa en el exterior, donde las luces de la ciudad iluminaban un ambiente aún relajado, ya que la terraza no se había llenado del todo de gente.

Amaia, concentrada en su tablet, ajustaba los detalles de un diseño, pero de vez en cuando sonreía. Enrique repasaba unos apuntes en su móvil con una expresión preocupada, mientras Álvaro se relajaba jugando con una pelota de fútbol en miniatura. Mario, vestido con su chaqueta deportiva, debatía con Sergio sobre el último gol de la liga, mientras Sergio le contaba las últimas estrategias del FC24 que estaba aplicando.

—¿Qué tal la semana? —preguntó Rocío al sentarse, sabiendo que la respuesta sería la misma de siempre: una mezcla de quejas y risas sobre los estudios y las anécdotas de la universidad.

—Lo de siempre, más apuntes que tiempo —resopló Enrique, sin apartar la vista de su pantalla.

Álvaro, siempre dispuesto a darle un toque de humor a la conversación, levantó la vista con una sonrisa divertida.

—Oye, ¿habéis usado la última versión de ChatGPT?

Enrique se rió, un sonido seco y breve.

—Dice mi abuelo que eso es el nuevo "rincón del vago", que es una tontería, pero ahora le hace gracia. Me pide que le pregunte "al cacharro" para todo.

—Calla, que mi padre, cuando no sabe qué hacer de comer, abre la nevera y le dice a ChatGPT que le haga una receta con las cuatro cosas que le quedan —interrumpió Rocío, riéndose—. Y lo mejor es que luego va y lo sigue al pie de la letra, la IA es quien decide el menú en nuestra casa.

—¡No me lo puedo creer! —dijo Enrique, entre risas—. A mí mi abuela también me pidió que le preguntara una vez cómo hacer una empanada gallega… y ahora, cada día me pide que le pregunte "una receta nueva al San Google".

Las risas se esparcieron por la mesa, ya que, además de las anécdotas de Enrique y Rocío, cada uno tenía en su cabeza alguna historia de su familia intentando entender o aplicar la tecnología moderna.

—Yo lo uso para diseñar cosas —confesó Amaia, mostrando una de sus creaciones en la tablet—. Le pido que me sugiera ideas para mis proyectos, cosas que nunca se me habrían ocurrido. Aunque siempre las adapto a mi estilo, porque ahí está la clave.

—Yo lo probé para un trabajo de la uni —añadió Enrique—. No para que lo hiciera por mí, sino para entender mejor algunos conceptos. La verdad es que me ayudó bastante. Aunque he estado pensando en cómo se siente depender de la IA para estas cosas. ¿Nos volvemos más vagos o más listos?

—Yo lo uso para que me dé las letras de canciones, sobre todo las de reggaetón que a veces no entiendo bien —dijo Mario, arrancando una carcajada general.

—Pero mi profesor dice que la usemos, que es una herramienta más, como la calculadora. Lo que le importa es que aprendamos la materia y el uso de herramientas también —añadió Mario, mientras los demás asentían, reconociendo la lógica detrás de esas palabras.

Rocío, que había estado escuchando en silencio, intervino. —No os riáis, pero la otra noche soñé con redes neuronales. Estaba atrapada en un bosque lleno de árboles que se conectaban entre sí, como sinapsis. Irónicamente, ese sueño me ayudó a entenderlas mejor para un trabajo que tenía que entregar.

—¿Redes neuronales? —preguntó Sergio, levantando una ceja—. He leído un poco sobre ellas, sobre todo por cómo se puede aplicar IA a los videojuegos: comportamientos realistas, escenarios, estrategias…

—No es ciencia ficción, es el futuro de muchos campos, no solo en el entretenimiento —dijo Enrique, con tono reflexivo—. Lo que me intriga es hasta qué punto vamos a depender de ellas. ¿Os imagináis que un día no podamos vivir sin estos sistemas?

—Pues, si lo usáis bien, no está mal —dijo Iria, dejando de lado el cómic que leía—. Me ayudó con una presentación en la que no sabía por dónde empezar. Me dio un buen esquema, y luego lo completé con lo que ya sabía. Saqué un 10. Aunque confieso que me preocupa un poco cuánto influye en cómo pensamos. ¿Estamos perdiendo la capacidad de crear desde cero?

Álvaro, que seguía lanzando la mini pelota al aire, no pudo evitar soltar una de las suyas. —Yo intenté que me escribiera una carta de amor, pero parecía más un manual de instrucciones que algo romántico. Así que mejor lo dejé.

—Quizá deberías pedirnos ayuda a nosotras antes que al ChatGPT para esas cosas, Álvaro —dijo Rocío, con una sonrisa que escondía un matiz de ironía—. Aunque quién sabe, tal vez en unos años necesitemos una IA para recordar cómo se escribía una carta de amor auténtica.

—Oye, ¿y si probamos algo ahora? —sugirió Mario, con un brillo travieso en los ojos—. Hagamos algo divertido, ¿qué tal unos prompts creativos? A ver quién saca la idea más loca.

Amaia, sin dejar de lado su vena creativa, propuso. —¿Qué os parece si nos hacemos unas camisetas con las imágenes que generemos? Algo que mezcle nuestro estilo con lo que pueda proponer la IA.

Sergio, entusiasmado con la idea, añadió. —¡De personajes de videojuegos mezclados con cómics! Algo que no sea lo típico y nos represente.

La idea fue un éxito inmediato. Todos sacaron sus móviles y comenzaron a lanzar sugerencias. La terraza del burger se llenó con sus risas, fusionándose con el bullicio de las conversaciones y la música que sonaba desde los móviles en otras mesas.

Al final de la noche, no habían resuelto grandes dilemas académicos ni descubierto los secretos del universo, pero se habían reído como nunca. Entre bromas y retos creativos, se dieron cuenta de que, al menos por esa noche, la inteligencia artificial no era más que un lienzo en blanco para dejar volar su imaginación. Y aunque la universidad seguiría siendo un desafío, siempre tendrían esos momentos para desconectar y, por un rato, simplemente disfrutar de la compañía y de las ideas que volaban entre ellos.

Cuando todos se levantaron para irse a casa, Sergio se acercó tímidamente a Rocío, que aún recogía sus cosas.

—Oye, Rocío... —dijo, con una mezcla de curiosidad y un toque de nerviosismo—, ¿Crees que la IA podría tener usos importantes en la medicina?

Rocío sonrió, reconociendo la chispa de interés en los ojos de Sergio. Ambos eran tan tímidos como curiosos, qué bien que compartieran un interés tan fascinante.

—Yo tampoco lo sé todo, pero conozco algunos casos de aplicación de la IA para usos médicos, incluso te puedo enseñar algún modelito en Python que hice en la uni de reconocimiento de imágenes. La verdad es que me gustaría aprender mucho más. Vente a mi casa esta semana e investigamos juntos. Además estará mi hermano Iker en casa y te puede contar sobre un prototipo en el que está trabajando, te va a gustar... —propuso Rocío, segura de que a Sergio le iba a picar aún más el gusanillo de la IA.

14. IA en la Medicina:

Copilotaje médico y futuro multi-ómico.

Estamos siendo testigos de una transformación silenciosa sin precedentes en la medicina, impulsada por la inteligencia artificial.

Hace no mucho expertos médicos podrían no creer lo que expertos en IA les prometían, pero se ha demostrado que es una realidad tangible que la IA ha venido para quedarse ya que está redefiniendo la práctica médica.

Y no se trata sólo de avances tecnológicos, es una revolución que está separando a aquellos profesionales que abrazan el cambio de aquellos que se quedan rezagados en el tiempo.

Hablamos de diagnósticos que pueden adaptarse al perfil único de cada paciente, de tratamientos que se ajustan en tiempo real, y de enfermedades que se predicen y pueden prevenirse antes de que se manifiesten.

Este salto cuántico es posible gracias a la capacidad de la IA para integrar y analizar datos que, hasta hace poco, era imposible hacer por su complejidad. La capacidad humana no llegaba ahí y la de las máquinas tampoco.

Antes de adentrarnos en los ejemplos específicos de cómo la IA está impactando la medicina, es crucial entender las herramientas y conceptos que están haciendo posible esta revolución.

Ómica y Multi-Ómica: En el contexto de la biología y la medicina, los datos "ómicos" se refieren a las distintas capas de información biológica que se pueden extraer de un organismo, como la genómica (estudio de los genes), la proteómica (estudio de las proteínas) o la transcriptómica (estudio de las moléculas de ARN).

El término "multi-ómica" se refiere a la integración de estas diferentes capas de datos para obtener una visión más completa de un organismo, en este caso, del cuerpo humano. La capacidad de combinar estos datos de manera efectiva es crucial para avanzar en la medicina personalizada.

Redes Neuronales Convolucionales (CNN): Estas son un tipo específico de red neuronal diseñada para procesar datos que tienen una estructura en forma de cuadrícula, como las imágenes. Las CNNs son especialmente útiles para analizar imágenes médicas, detectando patrones que podrían pasar desapercibidos para el ojo humano.

Redes Neuronales Recurrentes (RNN): A diferencia de las CNN, las RNN están diseñadas para manejar datos secuenciales, lo que las hace ideales para analizar series temporales, como el ritmo cardíaco o los niveles de glucosa en sangre a lo largo del tiempo.

Redes Neuronales de Grafos (GNN): Estas redes permiten modelar y analizar datos estructurados en forma de grafos, donde los nodos representan entidades y las aristas, las relaciones entre ellas. En medicina, se utilizan para estudiar cómo interactúan diferentes moléculas o proteínas.

Autoencoders: Son un tipo de red neuronal que se entrena para reconstruir su entrada. Aunque suena simple, los autoencoders son poderosos para reducir la dimensionalidad de los datos, permitiendo identificar patrones ocultos en grandes conjuntos de datos biológicos, como los datos genómicos.

Con estos fundamentos en mente, podemos explorar cómo estas herramientas están siendo aplicadas en la medicina actual y hacia dónde nos podrían llevar en un futuro cercano.

Medicina de Precisión Integrada

Para los médicos, la capacidad de personalizar tratamientos ha sido durante mucho tiempo una aspiración. Hasta hace poco, contaban principalmente con estadísticas poblacionales y estudios clínicos generales para guiar sus decisiones. Sin embargo, esto implicaba cierto grado de incertidumbre, ya que cada paciente es único y lo que funciona para uno no siempre funciona para otro. Con la llegada de la IA, y en particular de herramientas como las CNN y RNN, esta incertidumbre se reduce drásticamente.

Ahora, los médicos pueden acceder a modelos que no solo integran datos genéticos y proteómicos, sino que también analizan cómo estos interactúan en tiempo real dentro del cuerpo del paciente. Por ejemplo, en el tratamiento del cáncer de mama, un oncólogo ya no tiene que basarse solo en estudios genéricos, sino que puede utilizar un modelo de IA que combine información genética específica del paciente con datos de expresión génica y epigenética, prediciendo con una precisión mucho mayor la efectividad de un tratamiento como el trastuzumab. Esto le da al médico una herramienta poderosa para ajustar el tratamiento a medida que evoluciona la enfermedad, logrando una medicina verdaderamente personalizada.

Redefiniendo el Descubrimiento y Desarrollo de Fármacos

Históricamente, el desarrollo de nuevos fármacos ha sido un proceso largo, laborioso y costoso. Los médicos y científicos dependían de un enfoque basado en ensayo y error, probando miles de compuestos en busca de uno que pudiera tratar una enfermedad con eficacia. Esta búsqueda a menudo tomaba años, si no décadas, y los éxitos eran escasos.

Hoy, sin embargo, los médicos y los investigadores cuentan con herramientas como las GNNs que permiten analizar vastas cantidades de datos sobre interacciones moleculares, acelerando el proceso de identificación de nuevos candidatos a fármacos. Existen medicamentos que, gracias al análisis de IA, fueron rápidamente identificados como un tratamiento potencial para el COVID-19 por ejemplo, reutilizando un fármaco ya existente de manera eficaz.

Para los médicos, esto significa que las opciones de tratamiento pueden expandirse rápidamente, y los fármacos pueden adaptarse mejor a las necesidades específicas de cada paciente. La capacidad de la IA para integrar datos multi-ómicos en este proceso no solo optimiza la selección de candidatos para ensayos clínicos, sino que también permite ajustar los tratamientos durante el curso del desarrollo clínico, brindando al médico herramientas que antes eran impensables.

Predicción y Prevención de Enfermedades Complejas

La predicción de enfermedades complejas ha sido uno de los desafíos más grandes en la medicina. Los médicos solían depender de factores de riesgo conocidos y datos clínicos para prever la aparición de enfermedades como el Alzheimer o los infartos. Aunque útiles, estas herramientas a menudo eran insuficientes para captar toda la complejidad biológica de estas condiciones.

Los médicos ahora tienen acceso a herramientas que pueden analizar datos multi-ómicos en un nivel de detalle antes inimaginable. Por ejemplo, utilizando CNNs para analizar resonancias magnéticas cerebrales, un neurólogo puede detectar cambios sutiles que indican un riesgo elevado de Alzheimer, incluso antes de que aparezcan los síntomas. Los Autoencoders, por su parte, permiten procesar grandes volúmenes de datos genéticos y biomarcadores, identificando patrones que alertan sobre un riesgo inminente.

Esto dota a los médicos de una capacidad sin precedentes para intervenir de manera preventiva. No se trata solo de tratar enfermedades una vez que se han manifestado, sino de anticiparlas y aplicar intervenciones personalizadas antes de que se desarrollen. En un mundo donde la prevención es cada vez más crucial, proporciona a los médicos las herramientas que necesitan para adelantarse a las enfermedades y mejorar significativamente la calidad de vida de sus pacientes.

Monitoreo Continuo y Optimización del Tratamiento

El monitoreo de la salud del paciente ha sido tradicionalmente un proceso estático, basado en consultas periódicas y mediciones puntuales. Esto dejaba a los médicos con una imagen fragmentada del estado de salud de sus pacientes, lo que limitaba su capacidad para ajustar los tratamientos de manera dinámica.

Con la introducción de sensórica e IA (AIoT), este panorama ha cambiado radicalmente. Hoy, un médico tiene la capacidad de monitorizar a sus pacientes en tiempo real, utilizando datos continuos que se analizan con modelos como las RNN. Esto no solo permite ajustar tratamientos, como la dosis de insulina en un paciente diabético, en función de los datos actuales, sino que también aprende de estos datos para mejorar continuamente la precisión del tratamiento.

El futuro del monitoreo continuo es aún más prometedor. Con la integración de datos multi-ómicos en tiempo real, los médicos podrían ajustar los tratamientos no solo basándose en el estado actual del paciente, sino también en predicciones sobre cómo evolucionará su salud. Esto ofrece un nivel de personalización y precisión que simplemente no era posible antes, brindando a los médicos herramientas que multiplican su capacidad para cuidar de sus pacientes de manera proactiva y efectiva.

Estamos ante una realidad que ya no pertenece a la ciencia ficción, sino al aquí y ahora. La inteligencia artificial en la medicina no es un sueño lejano, es una revolución en marcha que está moldeando nuestro presente y dibujando el contorno de un futuro que, si somos inteligentes, será brillante. Pero, ¿estamos preparados para ello? ¿Están nuestras sociedades, nuestros sistemas educativos, y nuestros gobiernos dispuestos a asumir el reto?

Es aquí donde surge la pregunta: ¿no es acaso imprescindible formar a una nueva generación de médicos que entiendan la IA como una extensión natural de su estetoscopio y bisturí? Y al mismo tiempo, ¿no necesitamos ingenieros en IA que hablen el idioma de la medicina? La respuesta parece obvia: sí. Necesitamos, sin duda, perfiles híbridos que entiendan tanto de algoritmos como de anatomía, que puedan moverse con la misma soltura entre el código binario y los órganos vitales.

Y si esta necesidad es tan evidente, ¿no debería ser una prioridad estratégica en los presupuestos de I+D+i de cualquier nación que aspire a liderar en la medicina del siglo XXI? Invertir en la integración de la IA en la medicina no es solo una opción, es una obligación moral. Porque en última instancia, ¿no es también una cuestión ética? ¿Es lícito continuar practicando una medicina que se sabe imperfecta, cuando la IA ofrece herramientas que podrían salvar vidas, prevenir enfermedades y mejorar la calidad de vida de millones de personas?

La IA no solo puede revolucionar el futuro de la humanidad, ya lo está haciendo. Y sería un crimen de grave humanidad no aprovechar todo su potencial. Ha llegado la hora de abandonar los prejuicios y abrazar esta herramienta con todas sus posibilidades. Porque lo que está en juego no es menos que el bienestar, la salud y el futuro de todos nosotros.

15. IA y negocio: Visión y valentía.

Es natural que muchos directivos se muestren escépticos ante las promesas de la IA.

Al fin y al cabo, sus modelos de negocio han sido exitosos durante décadas, y aunque la IA fue conceptualizada en 1956, aún no ha transformado decisivamente la mayoría de las industrias. Pero antes de caer en el error de subestimar lo que realmente puede suceder, no perdemos nada en invertir un pequeño tiempo en conocer y analizar.

Porque la inteligencia humana suele inclinarse hacia lo conocido, lo predecible, lo lineal, y este enfoque es comprensible. Pero si de verdad esto trae consigo un cambio de otra escala: ¿cómo podemos preparar nuestras organizaciones para una revolución en pleno desarrollo?

Integrar la IA en una organización es un reto que va mucho más allá de simplemente adoptar nueva tecnología. Requiere replantear la estructura empresarial, adaptar procesos que han funcionado durante años y, quizás lo más desafiante, formar a un equipo que esté preparado para enfrentar este nuevo paradigma. Este esfuerzo no solo requiere recursos, sino también una visión estratégica que esté dispuesta a asumir desafíos técnicos y culturales. Aquí es donde la verdadera valentía entra en juego y conocer si esto compensa.

Que los datos hablen

Para evitar teorizar demasiado, enfoquémonos en los datos. Y es que más de la mitad de las empresas a nivel mundial habrán adoptado alguna forma de IA antes de que termine el año. La eficiencia operativa es un gran motivador, con incrementos promedio del 30%. Sin embargo, lo que marcará la diferencia será cómo integres la IA en tu estrategia empresarial. En este punto, lideras el cambio o te quedas atrás.

Impacto Económico Global

Aquí los números son claros y contundentes. La IA podría añadir más de 15 billones de dólares al PIB global para 2030, lo que equivale a un crecimiento adicional del 1.5% anual.

Empresas que han puesto a la IA en el centro de su estrategia, como las GAFAs, ya están viendo un crecimiento en ingresos significativamente más rápido que sus competidores.

La IA no solo está revolucionando industrias existentes; también está creando nuevas oportunidades. En el sector salud, el mercado de IA, valorado en más de 20 mil millones de dólares este año, se espera que crezca más de un 38% hasta 2030. En fintech, la IA está transformando la automatización de procesos, con un mercado actual superior a los 30 mil millones de dólares. Estas cifras subrayan la relevancia de la IA en el desarrollo de mercados emergentes.

Rentabilidad y Alianzas Estratégicas

La inversión en IA está demostrando ser altamente rentable. Las empresas que han adoptado IA están viendo retornos significativos, superando el 30% en los primeros tres años. Este año, la inversión global en startups de IA ha superado los 62 mil millones de dólares. Y esto es solo el principio. Las IA generativas, todavía en sus primeras etapas, amplificarán aún más este crecimiento.

Las alianzas estratégicas entre empresas consolidadas y startups de IA están en auge. Compartir riesgos y acelerar el desarrollo de tecnologías emergentes es clave para mantenerse competitivo en un mercado en constante evolución.

Desafíos y Oportunidades

Uno de los mayores retos en la adopción de IA es la gestión del talento y la cultura organizacional. La demanda de profesionales especializados es altísima, y sus salarios reflejan esta demanda, triplicando el salario medio en muchos países.

Este año, el gasto global en formación en IA ha superado los 33 mil millones de dólares, una cifra comparable al gasto en formación en áreas como el Derecho. Invertir en la formación del equipo es esencial para no quedarse atrás en esta transformación.

Crear una cultura que abrace la innovación es tan crucial como la tecnología misma. Gestionar la resistencia al cambio es un desafío que más de la mitad de las empresas que ya adoptaron IA han señalado. Aquí es donde se prueba el verdadero liderazgo.

A medida que la IA se convierte en una pieza clave en los negocios, también lo hace la necesidad de cumplir con regulaciones y mantener altos estándares éticos. Para el próximo año, casi la mitad de las grandes empresas habrán implementado un marco ético formal para la IA.

Negocio actual y futuro

Si miramos atrás, la Revolución Industrial transformó las economías agrícolas en industriales, impulsando un crecimiento del PIB per cápita de alrededor del 1.3% anual en el Reino Unido.

En comparación, la IA está posicionada para impulsar un crecimiento adicional del 1.5% anual hasta 2030. Esto sugiere que estamos en el umbral de algo monumental.

El impacto de la IA en la productividad y en la creación de nuevas industrias será más rápido y profundo que el de la Revolución Industrial. Mientras que aquella tomó un siglo en consolidarse, la IA está provocando cambios radicales en tan solo una década. Parece que ser parte de esta transformación no es solo una opción, es una necesidad para cualquier organización que quiera mantenerse relevante.

Si las previsiones se cumplen, su impacto será profundo y duradero. La humildad para aprender y la voluntad de adaptarse serán claves para prosperar en un mundo donde la IA no es solo una herramienta, sino el motor de la próxima gran transformación económica.

Al final, la historia no recordará a quienes se quedaron parados por miedo o inercia, sino a aquellos que actuaron con visión y valentía en uno de los momentos más decisivos de nuestro tiempo.

16. Robots y Humanos: La ola de la IA física.

Estamos en la cúspide de una nueva era, donde la inteligencia artificial, que durante mucho tiempo ha residido principalmente en nuestros ordenadores y servidores, está comenzando a integrarse en el mundo físico.

Hasta ahora, la IA ha sido una presencia mayoritariamente virtual, alimentando sistemas de recomendación, asistentes virtuales, y análisis de datos. Sin embargo, en los próximos años, esta dinámica cambiará drásticamente con la llegada de la "IA Física", una revolución que promete transformar no sólo industrias enteras, sino también nuestra vida diaria.

La IA, que antes vivía en la nube y en el código, ahora empezará a caminar, a construir, a curar y, en última instancia, a compartir nuestro espacio físico.

Se prevé un futuro en el que los robots serán omnipresentes, impulsados por avances que les permitirán comprender instrucciones complejas y ejecutar tareas de manera autónoma en el mundo real. Visionarios están apostando por plataformas que permiten la creación de "gemelos digitales", réplicas virtuales de objetos o entornos físicos, donde los robots pueden ser entrenados y probados antes de ser desplegados en escenarios reales.

Esta simbiosis entre el mundo virtual y el físico está siendo impulsada por una creciente inversión en robótica, que, junto con la IA, promete revolucionar sectores como la fabricación, la salud, la logística y, eventualmente, nuestro propio entorno doméstico.

Un Encuentro en Nueva York, 1955

En una fría mañana de invierno en Nueva York, dos jóvenes visionarios se encuentran en una pequeña pero icónica cafetería de Greenwich Village.

El lugar, envuelto en humo de cigarrillos y lleno de conversaciones apasionadas, ofrece una atmósfera histórica y bohemia que ha atraído a generaciones de intelectuales y académicos.

En un rincón, la ornamentada máquina de café expreso, con su brillo de latón antiguo, añade un aire de nostalgia y tradición, recordando a todos los presentes que este es un espacio donde lo clásico y lo moderno se entrelazan. Aquí, rodeados de detalles que evocan un pasado rico en cultura y pensamiento, los dos hombres se sumergen en la discusión de ideas que, algún día, revolucionarán el mundo.

Marvin Minsky, recién graduado de Princeton y profundamente inmerso en la investigación de máquinas que pudieran replicar aspectos del pensamiento humano, y Joseph F. Engelberger, un ingeniero que trabaja en proyectos de automatización, están comenzando a explorar conceptos que, aunque aún en su infancia, cambiarán el mundo en las décadas siguientes.

Minsky: —Estamos en un punto crucial, Joseph. Hasta ahora, hemos visto que las máquinas pueden realizar tareas programadas, pero imagina un futuro donde puedan actuar y adaptarse al mundo físico como lo haría un humano. Máquinas que no solo siguen órdenes, sino que comprenden su entorno y se ajusten a él.

Minsky, con su enfoque teórico y su curiosidad insaciable, ya estaba más allá de los retos técnicos inmediatos. Para él, el verdadero desafío no era simplemente crear máquinas más eficientes, sino construir entidades capaces de interactuar con el mundo de manera natural, interpretando y respondiendo a estímulos como lo haría un ser humano. En sus primeros trabajos, ya reflexionaba sobre cómo los robots podían "ver" y "entender" su entorno, adelantándose a lo que más tarde se llamaría inteligencia artificial.

Engelberger: —Eso es lo que también me ha estado preocupando. Estoy trabajando en cómo los robots podrían integrarse en las fábricas, no solo como máquinas automáticas, sino como sistemas adaptativos que puedan trabajar junto a los humanos. La interacción entre humanos y robots será clave. Necesitamos que estos robots puedan ajustar su comportamiento según las condiciones cambiantes de su entorno, sin tener que ser reprogramados cada vez.

Engelberger, con una visión práctica y un enfoque en la aplicación industrial, ya imaginaba un futuro donde las máquinas no sólo ejecutarán tareas repetitivas, sino que también se adaptarán a los cambios en tiempo real. Aunque aún no había fundado Unimation ni desarrollado el Unimate, el primer robot industrial, sus ideas ya se encaminaban hacia la creación de robots que pudieran trabajar codo a codo con los humanos, enfrentando juntos los desafíos del entorno laboral.

Minsky: —Lo que me interesa, más allá de la programación básica, es cómo podemos dotar a las máquinas de algo más que simples instrucciones. Estoy trabajando en conceptos que podrían permitir que estas máquinas aprendan por sí mismas y se adapten a nuevas situaciones. La percepción es crucial: que un robot no solo vea, sino que entienda lo que está viendo, y que manipule objetos con la precisión necesaria para tareas complejas. Esto no es solo un reto de ingeniería, sino un desafío intelectual.

Ambos compartían un interés en la interacción humano-robot, aunque desde diferentes perspectivas. Mientras Engelberger estaba preocupado por cómo los robots serían aceptados por los trabajadores y cómo podrían integrarse eficazmente en un entorno humano, Minsky veía la interacción desde un ángulo más amplio, reflexionando sobre cómo las máquinas podrían comprender y procesar el lenguaje y las señales humanas, avanzando hacia una forma más avanzada de "pensamiento" robótico.

Engelberger: —La adaptabilidad es clave. En los entornos industriales, las condiciones cambian constantemente. Los robots deben ser capaces de ajustar su comportamiento sin intervención humana constante. Pero también debemos pensar en cómo serán aceptados socialmente. Si los robots se convierten en una amenaza percibida para los empleos, la resistencia será enorme. Estoy convencido de que necesitamos desarrollar robots que trabajen en colaboración con los humanos, no en su contra.

Engelberger ya anticipaba las preocupaciones sociales y éticas que surgirían con la introducción de robots en el lugar de trabajo. Sabía que la aceptación social de la robótica sería fundamental para su éxito comercial, y estaba decidido a crear máquinas que no solo fueran eficientes, sino también seguras y complementarias a los esfuerzos humanos.

Minsky: —Y luego está la cuestión de cómo financiar todo esto. Mis investigaciones, aunque académicas, requieren un apoyo considerable. Estoy preocupado por cómo conseguir los recursos necesarios para avanzar en áreas como el aprendizaje automático y las redes neuronales. Son conceptos que podrían parecer especulativos ahora, pero creo que son esenciales para el futuro de las máquinas autónomas.

Ambos compartían la preocupación por la viabilidad económica y la necesidad de asegurar financiamiento para sus proyectos. Engelberger estaba enfocado en la comercialización de la robótica, en cómo hacerla atractiva y viable para las industrias, mientras que Minsky, aunque respaldado por instituciones académicas, también estaba preocupado por cómo obtener recursos suficientes para continuar investigando en áreas que, en ese momento, parecían ser apuestas a largo plazo.

La camarera les sirve otra ronda de café, mientras ambos hombres contemplan el futuro que están ayudando a construir. Un futuro donde las máquinas no solo siguen órdenes, sino que piensen, comprendan y actúen junto a nosotros en el mundo real. Un futuro donde Marvin Minsky y Joseph Engelberger serían figuras clave, cada uno desde su trinchera: Minsky como el teórico y visionario que impulsaría lo que más tarde se conocería como inteligencia artificial desde el MIT, y Engelberger como el empresario pionero que llevaría la robótica a la industria global con la creación del Unimate.

A lo largo de los años 50 y 60, mientras Minsky continuó desarrollando teorías fundamentales sobre la inteligencia de las máquinas y Engelberger se enfocó en hacer realidad la robótica industrial, ambos siguieron enfrentando desafíos comunes. La interacción humano-robot, la autonomía y adaptabilidad de las máquinas, y la percepción robótica no eran sólo problemas técnicos, sino también retos sociales y éticos que tendrían profundas implicaciones para el futuro.

En las décadas siguientes, verían cómo sus preocupaciones se materializaron en una industria en expansión, con robots que no solo realizan tareas físicas, sino que también comenzarán a formar parte integral de la vida humana en formas que ellos apenas comenzaban a imaginar en esa fría mañana de 1955.

La Evolución de los Sectores de la Robótica

El sector de la industria y automoción sigue siendo el pilar central de la robótica, donde el impacto de la automatización es más evidente. Aproximadamente el 40-45% de la robótica mundial se aplica aquí. Robots como el Unimate de Engelberger se han convertido en esenciales para la producción en masa, realizando tareas de soldadura, pintura y manipulación de materiales con una precisión inigualable. Aunque este sector es altamente maduro, el crecimiento sigue siendo sostenido, con un enfoque creciente en la adopción de robots colaborativos y tecnologías avanzadas de inteligencia artificial.

La logística y almacenamiento es otro sector que ha visto una expansión explosiva. Impulsado por la revolución del comercio electrónico y la necesidad de optimizar las cadenas de suministro, lo que le convierte en el segundo sector de aplicación. Y con un crecimiento proyectado de un 20-25%

anual, este sector está en una carrera para automatizar cada aspecto del manejo de mercancías, desde la clasificación de paquetes hasta la entrega de última milla. Los robots ahora pueden clasificar millones de paquetes con una precisión que los humanos no podrían alcanzar, y vehículos guiados automáticamente están revolucionando la forma en que las mercancías son transportadas dentro de los almacenes.

El sector de la salud y medicina es otro campo emergente con un crecimiento impresionante, convirtiendo la robótica médica en un pilar fundamental en los hospitales de todo el mundo. Los sistemas quirúrgicos robóticos, como el Da Vinci, permiten a los cirujanos realizar operaciones extremadamente complejas con una precisión milimétrica, reduciendo el tiempo de recuperación y mejorando los resultados para los pacientes. Además, exoesqueletos robóticos están ayudando a personas con movilidad reducida a recuperar la capacidad de caminar, y robots en farmacias automatizadas están dispensando medicamentos con una precisión que minimiza errores y aumenta la eficiencia.

La **agricultura** también está comenzando a transformarse, aunque aún está en una fase inicial de madurez proyecta un crecimiento anual esperado entre el 25-30% por el cual la robótica agrícola está ganando terreno rápidamente. Robots que monitorean cultivos con drones, cosechan frutas y verduras con precisión, y realizan tareas de mantenimiento como el deshierbe y la aplicación de fertilizantes, están aumentando la eficiencia y sostenibilidad en la producción agrícola. Su impulso es la necesidad de alimentar a una población mundial en constante aumento de manera más eficiente.

En el sector **servicios**, los robots están comenzando a desempeñar un papel cada vez más visible. Desde robots de limpieza autónomos hasta recepcionistas robóticos que asisten a los huéspedes, la automatización está comenzando a transformar la experiencia del cliente en estos sectores.

Robots humanoides avanzados ya están presentes en la robótica doméstica. Su diseño inspirado en la anatomía humana les permite manipular objetos con fuerza y precisión, además de interactuar de forma segura con las personas. Capaces de realizar tareas como recoger objetos y transportar bolsas, son una valiosa asistencia para personas con movilidad reducida o en situaciones de alta demanda física.

Aún en una fase de exploración, pero con un crecimiento proyectado de 20-25% anual. Veremos aquí en los próximos años que se delegan en los robots muchas tareas repetitivas y de atención al cliente que a día de hoy realizan humanos.

Reflexión Final: El Futuro Robótico

La robótica y la inteligencia artificial están en la cúspide de una nueva era, donde las máquinas no solo serán nuestras herramientas, sino nuestros compañeros en la vida diaria. Mientras que sectores como la manufactura y la automoción han liderado el camino, el verdadero cambio vendrá cuando la "IA Física" comience a integrarse en todos los aspectos de nuestra vida.

Imaginemos un futuro donde los robots, entrenados en mundos virtuales, sean liberados en el mundo real, no solo para realizar tareas, sino para entender y mejorar nuestro entorno. Un futuro donde los robots no solo trabajan en fábricas y hospitales, sino también en nuestros hogares, ayudándonos a realizar tareas cotidianas, cuidando a nuestros seres queridos, y asegurándose de que nuestras vidas sean más seguras y eficientes.

Pero también debemos reflexionar sobre el impacto de esta transformación. La automatización ha cambiado la naturaleza del trabajo humano, eliminando algunos roles y creando otros. Los sueldos han aumentado en trabajos especializados, pero se han estancado en roles más básicos. La seguridad ha mejorado en muchos aspectos, pero también han surgido nuevos riesgos. Y mientras las empresas que adoptan la robótica ganan en eficiencia y competitividad, aquellas que no lo hacen corren el riesgo de quedarse atrás.

En última instancia, el desafío será encontrar el equilibrio entre el avance tecnológico y la preservación de lo que nos hace humanos. La historia nos ha enseñado que las revoluciones tecnológicas siempre traen consigo cambios profundos, pero también oportunidades.

Quizás, en este nuevo mundo, los robots nos ayuden a descubrir no sólo nuevas formas de trabajar, sino también nuevas formas de vivir.

Como en aquellas historias de ciencia ficción que alguna vez imaginamos, los robots están a punto de convertirse en parte integral de nuestras vidas. Y mientras algunos temen que puedan volverse en nuestra contra, otros creen que nos ayudarán a alcanzar nuevas alturas. En cualquier caso, el futuro ya no es solo humano. Es en compañía.

17. Innovación, ética y legislación.

Aspiramos a replicar y eventualmente superar la capacidad humana para aprender, decidir y resolver problemas. Hemos logrado replicar, mediante tecnología e inteligencia, casi todos nuestros sentidos: cámaras que capturan imágenes como nuestros ojos, micrófonos que registran las ondas sonoras como lo hacen nuestros oídos, robots que perciben lo físico emulando nuestro tacto, y sensores que, al igual que nuestros sentidos del gusto, olfato y percepción somática, captan el mundo que nos rodea. Sin embargo, a diferencia de nuestros sentidos, que tienen limitaciones inherentes, estas máquinas pueden superar esas barreras, ampliando su capacidad de percepción y procesamiento más allá de lo que nosotros, como humanos, podríamos experimentar.

Sin embargo, en este camino, también nos enfrentamos a los límites de nuestra propia ética y moralidad. Los sistemas de IA, aunque diseñados para funcionar de manera eficiente y autónoma, no son inmunes a los errores, sesgos y dilemas éticos que surgen de sus interacciones en el mundo real.

Un incidente puede frenar años de innovación por estos mismos motivos. El humano comete muchos errores, pero ¿qué ocurre si este error no es de un humano y es un error de un vehículo autónomo que atropella y mata a un humano? Este caso, que es un trágico incidente real, evidenció no solo las limitaciones técnicas de los sistemas de IA, sino que también desató un debate sobre la ética de permitir que máquinas tomen decisiones críticas en situaciones de vida o muerte.

A esto se suma el experimento Moral Machine del MIT, que planteó dilemas morales donde un vehículo autónomo, ante un accidente inevitable, debe tomar decisiones extremas: ¿debería el coche proteger al conductor, matar a un animal, destrozar la vía pública, arrollar a una anciana, a un grupo de niños o a una madre embarazada? Estos escenarios nos llevan a preguntarnos: ¿En manos de quién dejamos estas decisiones? ¿Deberíamos confiar en que las IA sean capaces de discernir entre el bienestar de los ocupantes de un vehículo y los peatones? Este dilema plantea una pregunta central: ¿Cómo podemos garantizar que los sistemas autónomos prioricen la vida humana en todas sus formas?

Este incidente no es un caso aislado. Un estudio del MIT reveló que algunos sistemas de reconocimiento y segmentación facial tenían una tasa de error diferentes según sexos y etnias. Este sesgo no sólo cuestiona la fiabilidad de estas tecnologías, sino que también expone un problema ético profundo: la posibilidad de que la IA genere desigualdades sociales. ¿Es aceptable que las herramientas diseñadas para mejorar la seguridad y la eficiencia terminen perjudicando a ciertos individuos?

Perspectivas Éticas: Reflexiones sobre el Desarrollo de la IA

A medida que la inteligencia artificial avanza, también lo hace la necesidad de reflexionar sobre sus implicaciones éticas. Diversas perspectivas han emergido, cada una aportando una visión única sobre cómo debemos abordar los desafíos éticos de la IA.

Ante incidentes como los comentados respecto a posibles desigualdades hay quienes critican ferozmente los algoritmos y sus capacidades. Argumentan que muchos sistemas de IA pueden no son transparentes y pueden causar daños significativos, especialmente a las poblaciones vulnerables. De ahí la importancia de diseñar sistemas que sean justos y equitativos, y que no generen desigualdades sociales y/o económicas.

Hay perspectivas que argumentan que los sistemas de IA deben ser diseñados con una incertidumbre inherente sobre las preferencias humanas, lo que los haría más seguros y alineados con nuestros valores. Esta visión sugiere que, en lugar de programar la IA para seguir instrucciones rígidas, deberíamos diseñar sistemas que aprendan y se adapten a las necesidades y deseos cambiantes de los humanos, evitando así el riesgo de consecuencias no deseadas.

Incluso, ¿qué ocurriría si desarrollamos una IA tan fuerte como para superar a la inteligencia humana? La creación de una superinteligencia podría escapar de nuestro control y llevar a consecuencias catastróficas si no se gestiona adecuadamente. ¿Habría que considerar los límites de nuestra capacidad para prever y controlar los resultados de nuestras propias creaciones tecnológicas?

De la Teoría a la Práctica

A medida que la IA avanza, también lo hacen las preocupaciones éticas y prácticas que rodean su desarrollo.

Una de las cuestiones más cruciales es la explicabilidad de los modelos de IA: ¿cómo pueden estos sistemas ofrecer explicaciones claras sobre las decisiones que toman? Modelos avanzados, como las redes neuronales profundas, a menudo son considerados "cajas negras" debido a su complejidad. Esto nos lleva a un desafío significativo: ¿cómo podemos confiar en decisiones que ni siquiera sus propios creadores comprenden completamente? Este no es solo un problema técnico; es una cuestión profundamente ética. En ámbitos críticos como la justicia, la salud o la contratación, la falta de transparencia puede resultar en decisiones injustas o incluso peligrosas.

Herramientas como SHAP o LIME han surgido para mejorar esta explicabilidad, pero la pregunta persiste: ¿es posible lograr una transparencia real en sistemas tan complejos? Y si no podemos entender completamente cómo se llega a una decisión, ¿quién debe asumir la responsabilidad cuando algo sale mal?

La fiabilidad de los resultados es otra preocupación esencial. Los modelos de IA se evalúan mediante diversas métricas (precisión, recall, F1-score, etc.), pero un modelo que funciona bien en un contexto podría fallar en otro si los datos cambian. Por ello, técnicas como la validación cruzada son vitales para asegurar la consistencia de los modelos en diferentes escenarios.

Además, la calidad y actualización de los datos son fundamentales; modelos entrenados con datos obsoletos o sesgados pueden generar predicciones erróneas o injustas, lo que resalta la importancia de mantener los datos actuales y precisos.

El uso de datos sensibles, como la información médica o financiera, añade otra capa de complejidad. Aquí no solo se trata de hacer que los modelos funcionen correctamente, sino de proteger la privacidad individual y cumplir con regulaciones estrictas, como el AI Act y la GDPR en el caso de Europa. La seguridad y la ética deben ir de la mano, especialmente cuando se manejan datos que pueden afectar profundamente la vida de las personas.

Es crucial considerar **quiénes han trabajado en estos modelos** y cómo se han entrenado. La cualificación del equipo desarrollador es clave para asegurar que los modelos sean tanto fiables como éticos. La transparencia en el proceso de desarrollo, junto con una documentación exhaustiva, permite auditorías y evaluaciones externas que son esenciales para construir confianza en la IA.

Y por supuesto, no podemos ignorar el tema de los **sesgos**. Los modelos de IA pueden arrastrar sesgos inherentes si los datos de entrenamiento están sesgados. No me refiero a sólo sesgos más relacionados con percepciones o prejuicios sociales humanos, sino también a sesgos más vinculados al procesamiento del dato. La información puede estar sesgada por desactualización, agregación, disponibilidad, etc. Por ello, es fundamental implementar técnicas para detectar y corregir estos sesgos, como recolectar datos más diversos o ajustar los algoritmos para evitar resultados injustos o parciales. Es vital prevenir cualquier manipulación intencionada de los modelos, asegurando que la transparencia y la revisión ética sean constantes.

Derechos Humanos vs Desarrollo Tecnológico

Mientras los debates éticos sobre la IA continúan evolucionando, los marcos legislativos se están desarrollando para abordar los desafíos específicos que plantea esta tecnología. Sin embargo, estos enfoques varían significativamente según la región, reflejando diferentes prioridades y valores culturales.

Europa ha adoptado un enfoque riguroso y proactivo en la regulación de la IA. La Ley de IA de la Unión Europea (AI Act) establece un marco normativo integral que prohíbe ciertas aplicaciones de la IA, como la puntuación social y la manipulación cognitiva, y restringe el uso de tecnologías como el reconocimiento facial en espacios públicos. Este enfoque subraya la prioridad europea en la protección de los derechos fundamentales, la transparencia y la rendición de cuentas. Sin embargo, surge una pregunta: ¿Este enfoque estricto podría frenar la innovación en el continente, o es un precio que estamos dispuestos a pagar para proteger los derechos humanos?

En Estados Unidos, el enfoque es más fragmentado y sectorial. Aunque no existe una legislación federal unificada, varias normativas y directrices sectoriales regulan el uso de la IA, particularmente en áreas críticas como la salud, las finanzas y la defensa. Este enfoque permite una mayor flexibilidad para la innovación, pero también presenta desafíos en términos de coherencia y protección integral de los derechos de los ciudadanos. ¿Es este enfoque más flexible el camino correcto para fomentar la innovación, o necesitamos un marco regulatorio más cohesivo que proteja mejor a los ciudadanos?

Asia presenta un panorama regulatorio diverso. China destaca por su enfoque centralizado y estricto en cuanto al control estatal y la estabilidad social, pero es más permisiva en áreas donde otras regiones, como Europa, son extremadamente restrictivas. Por ejemplo, mientras Europa prohíbe y restringe tecnologías como el reconocimiento facial en espacios públicos, China las implementa ampliamente para objetivos de seguridad y control social. Esto refleja un enfoque en el que la estabilidad y el control son prioritarios, permitiendo prácticas que serían controvertidas o incluso prohibidas en Europa. Por otro lado, países como Japón y Corea del Sur se alinean más con los estándares internacionales, adoptando un enfoque equilibrado que promueve tanto la innovación segura como la protección de la privacidad. ¿Deberíamos seguir el ejemplo de China y priorizar el control estatal para garantizar la seguridad, o adoptar un enfoque más equilibrado como Japón y Corea del Sur que promueva la innovación ética?

Futuro Impulsado por la IA, guiado por la Ética

El potencial de transformación de la IA solo se desarrollará plenamente si somos capaces de abordar los desafíos éticos y legales que plantea su desarrollo y aplicación.

No es solo una cuestión de innovación tecnológica; es también una cuestión de valores, de justicia y de responsabilidad. A medida que continuamos explorando y expandiendo los límites de lo que la IA puede lograr, debemos hacerlo con una clara conciencia de las implicaciones éticas de nuestras decisiones. Solo así podremos asegurarnos de que la IA no solo sea poderosa, sino también justa y equitativa.

¿Estamos preparados para guiar la evolución de la IA de manera que sirva al bienestar de toda la humanidad?

18. Sesgos: Prejuicios tan humanos como la ignorancia y la arrogancia.

En la penumbra solemne de su despacho, la doctora Irene, tutora del TFG de Rocío, se reclinó en su sillón de cuero. Frente a ella estaba Rocío, posiblemente su alumna más prometedora pero la más impetuosa con toda seguridad, luchaba por mantener la compostura. Los nervios se traducían en un tamborileo de los dedos sobre la carpeta que sostenía.

Irene sabía que Rocío era inteligente, tal vez demasiado para su propio bien. Había leído cada uno de sus trabajos con un placer discreto, reconociendo en sus análisis una agudeza que pocos lograban alcanzar a su edad. Pero también había notado en ella una tendencia peligrosa: una inclinación a juzgar antes de tiempo, a confiar en la primera impresión, a no detenerse lo suficiente en los detalles antes de saltar a conclusiones.

—Rocío —comenzó Irene, con esa voz suave pero firme que usaba para las lecciones más importantes—, quiero que te tomes un momento para contestar unas preguntas que he preparado. No son preguntas de examen, pero son mucho más importantes. Quiero que reflexiones sobre ellas antes de responder.

Rocío asintió, agradecida por la pausa. Irene deslizó una hoja de papel hacia ella, y comenzó el cuestionario.

—Primera pregunta: ¿Cuál crees que es la tasa de alfabetización en Namibia, país de África subsahariana, en la actualidad?

Rocío se tensó. Las historias de miseria y pobreza que había leído a lo largo de su vida afloraron en su mente. Había visto documentales, leído reportajes. "África", pensó, "uno de los lugares más desfavorecidos del mundo."

—Las opciones son —continuó Irene, interrumpiendo sus pensamientos—: A) 2%, B) 35%, C) 92%.

Rocío vaciló. ¿92%? Eso no podía ser. Se debatió entre la respuesta obvia y lo que su intuición le decía que debía ser cierto.

—La respuesta correcta es C) 92% —anunció Irene antes de que Rocío pudiera responder—. En los años 90, muchos libros de texto reportaban que la tasa de alfabetización en África subsahariana era muy baja, y ese dato desactualizado ha permanecido en la percepción pública. Pero la realidad ha cambiado. Hoy en día, la tasa de alfabetización en Namibia, por ejemplo, es del 92%.

Rocío sintió un ligero rubor en sus mejillas. Estaba a punto de elegir una de las opciones más bajas. Había caído en la trampa del prejuicio.

—Vamos con la segunda pregunta —dijo Irene, viendo la reacción en su alumna y sabiendo que iba por buen camino—: Estás considerando viajar a México, te han invitado a pasar unas vacaciones en

Mérida. ¿Cómo describirías el nivel de riesgo o criminalidad?

Rocío respiró profundamente. Era consciente de las noticias sobre la violencia en México. Drogas, secuestros, asesinatos. Pero Mérida... ¿no había oído que era una ciudad turística, más tranquila?

—Las opciones son: A) México es un país inseguro y no iría a Mérida; B) Mérida es muy bonita y turística, seguro que es segura; C) Prefiero no visitar América Latina por su inseguridad en general.

Rocío consideró sus opciones. La B parecía la más razonable. Pero, ¿y si estaba siendo ingenua?

—La respuesta correcta es B) —dijo Irene, sacándola de su dilema interno—. México tiene problemas de criminalidad en ciertas ciudades, pero Mérida es una de las ciudades más seguras del país y probablemente de toda América Latina. La percepción general tiende a generalizar la inseguridad, pero es un error no informarse sobre la realidad específica de cada lugar.

Rocío sintió que la tierra se deslizaba bajo sus pies. Otra vez había estado a punto de dejarse llevar por sus prejuicios.

—Última pregunta —dijo Irene, sin dejar que Rocío se acomodara en su incomodidad—: ¿Qué porcentaje de parejas en España, no solo jóvenes, sino de todas las edades, crees que tiene una hipoteca en la actualidad?

Rocío suspiró. Esta vez decidió no adelantarse. Sabía que la tendencia general había sido adquirir una vivienda en cuanto se estabilizaba una relación, pero con la crisis económica y las dificultades recientes...

—Las opciones son: A) Más del 90%; B) Un 70%; C) Menos del 40%.

Rocío pensó. Su primera inclinación había sido a decir el 70%, pero ahora, con lo aprendido, decidió detenerse y reconsiderar.

—La respuesta correcta es C) —respondió Irene, casi con una sonrisa—. Aunque anteriormente era común adquirir una hipoteca rápidamente, hoy menos del 40% de las parejas en España tiene una. Los precios de la vivienda, la inseguridad laboral y otras dificultades han cambiado las prioridades.

Rocío se hundió un poco más en su asiento, asimilando la lección. Se dio cuenta de que había estado a punto de equivocarse en cada una de las preguntas. Irene no había querido humillarla, sino enseñarle algo que la lectura de libros y el estudio en la biblioteca no podían inculcarle: la importancia de cuestionar siempre sus propios prejuicios y de analizar los datos fríamente antes de sacar conclusiones.

Es fundamental contar con información actualizada y de calidad. Ser consciente de la precisión de los datos disponibles, evaluar si es necesario enriquecerlos y determinar el nivel de agregación adecuado para un análisis eficaz.

—Rocío —dijo Irene finalmente—, Hans Rosling decía "No confíes en tu intuición, el mundo está sesgado por noticias negativas y estereotipos. Debemos basar nuestras opiniones y decisiones en datos y hechos concretos."

Rocío asintió, con una nueva determinación en su mirada. Había aprendido una lección que no olvidaría fácilmente.

19. El legado de los datos.

Rocío estaba sola en el despacho de su padre, un santuario de conocimiento donde cada libro y objeto contaban una historia. Había pasado muchas tardes ahí; aunque no eran tantísimos los libros, todos estaban cuidadosamente seleccionados. Su trabajo de fin de grado la había llevado a este rincón del hogar, en busca de una inspiración que solo ese lugar podía ofrecerle.

Con cuidado, tomó un libro que siempre había llamado su atención: *Exploratory Data Analysis* de John Tukey, una primera edición que su padre guardaba como un tesoro invaluable. Al abrir sus páginas, el aroma a papel viejo la envolvió. No pudo evitar pensar en las incontables veces que su padre debió haberlo leído. O quizás no tantas, pensó. Mi padre es de los que solo lo admiran y abren una vez, como un buen vino; para leerlo mil veces ya tiene la versión digital.

Pero más que un libro, era un testimonio de una época en la que la ciencia de datos comenzaba a tomar forma, un mundo todavía pequeño y exclusivo donde su padre se había codeado con los pioneros de la disciplina.

Mientras sus dedos recorrían las páginas, Rocío pensaba en lo que había aprendido en sus estudios. Sabía que la ciencia de datos no era solo transformar grandes volúmenes de datos en información valiosa para la toma de decisiones; era una disciplina clave en el desarrollo de la inteligencia artificial. Y ahora, en sus manos, sostenía una de las obras fundacionales de esa disciplina.

Sus pensamientos vagaron hacia las clases donde había aprendido sobre la importancia de la limpieza y transformación de los datos. Sabía que, antes de cualquier análisis, era crucial asegurar que los datos estuvieran en un estado que permitiera obtener resultados válidos. Era como su profesor J decía: "Es en los datos donde comienza la magia, pero solo si los preparas correctamente".

Rocío sabía que dominar estas técnicas no solo la haría una mejor analista, sino que también la pondría a la vanguardia de la inteligencia artificial, donde los datos se convertían en modelos capaces de aprender y tomar decisiones por sí mismos.

Mientras exploraba el despacho, Rocío encontró otro libro que llamó su atención: *The DLI Programming Language Reference Manual.* Este manual fue fundamental para el inventario del Apolo, y una tecnología clave en la era de las mainframes. Su padre le había contado cómo trabajó con esta tecnología en banca y cómo servía de precursor de las modernas bases de datos.

Al abrir el manual, Rocío recorrió las páginas que detallaban la sintaxis y los métodos para interactuar con las bases de datos jerárquicas. Aunque estos conceptos eran antiguos en comparación con las tecnologías actuales, sentía un profundo respeto por las ideas de medio siglo atrás que sentaron las bases para el campo de la ciencia de datos de hoy.

El despacho estaba en silencio, roto sólo por el crujir del cuero al moverse en su asiento. Rocío levantó la vista y vio otro libro en la mesa: *The Visual Display of Quantitative Information* de Edward Tufte. Recordó cómo, de niña, había pasado horas admirando gráficos junto a su padre, fascinada por la manera en que los datos podían transformarse en arte.

En ese momento, sus ojos se posaron en una pequeña fotografía, algo desgastada por el sol, en la estantería. Era una imagen de su padre, mucho más joven, en una animada conversación con varios amigos. Entre ellos, reconoció a uno. Creo que ese es Roger Magoulas, pensó, el hombre que acuñó el término "Big Data".

La puerta del despacho se abrió suavemente, y su padre entró en silencio. Rocío levantó la vista, sorprendida de no haberlo oído llegar. Él la observó durante un instante y luego, con una sonrisa, se acercó.

—Ese libro... —dijo en voz baja, señalando el volumen de Tukey— fue uno de los primeros que leí cuando comencé en esto. No había mucha gente interesada en los datos por aquel entonces, éramos una pequeña comunidad apasionada por lo que los datos podían lograr.

Rocío asintió, absorbiendo cada palabra. Su padre se sentó a su lado, tomando el libro con cuidado. Mientras lo hojeaba, una carta antigua, doblada en cuatro, se deslizó entre las páginas y cayó suavemente en el regazo de Rocío.

—Eso... —comenzó su padre, con la voz cargada de emoción— es una carta de felicitación que recibí el día que naciste. Es de una antigua jefa, parte de esa minoría que apostaba por el crecimiento de esta disciplina.

Rocío desdobló la carta con cuidado. Las palabras estaban algo descoloridas, pero aún legibles. "Espero que esta pequeña herede tu pasión por la ciencia y la tecnología", leyó en voz alta. "El mundo necesitará mentes como la suya para supervisar los caminos que está tomando la ciencia de datos."

Rocío sintió una profunda conexión con esa historia. Sabía que estaba siguiendo los pasos de gigantes, y que también podría contribuir a ese pequeño, pero creciente, mundo de la ciencia de datos.

—Gracias, papá —dijo, abrazando la carta y el libro con una renovada determinación.

Su padre le devolvió la sonrisa, sabiendo que Rocío no solo había aprendido sobre datos e IA, sino también sobre el legado de ser parte de algo más grande que ellos mismos.

20. Datos: Más que predicciones.

Después de aquella profunda conversación en el despacho, su mente estaba repleta de ideas y conceptos. No podía evitar reflexionar sobre todo lo que había aprendido desde niña observando. Sintió una mezcla de orgullo y responsabilidad, por desconocer mucho de la materia.

—Papá, necesito tu opinión sobre algo —dijo Rocío—.
Cuando entré en tu despacho estaba curioseando por un comentario que escuché de unos compañeros de la uni, estaban hablando de ciencia de datos y todos ellos estaban de acuerdo en que sólo son predicciones y regresiones, sólo tuve una asignatura de ello en la carrera y no vimos demasiado pero no me cuadra.

Su padre levantó la vista de la pantalla y la miró con una mezcla de curiosidad y orgullo. Sabía que Rocío no se conformaba con explicaciones simples.

—Claro Rocío. Eso es como decir que la ingeniería es solo construir puentes —respondió, con una sonrisa cómplice—. La ciencia de datos va de predicciones y regresiones, es lo más famoso, pero hay muchas cosas más. Es un campo lleno de técnicas y enfoques que van más allá de lo que se ve a primera vista.

Rocío se acomodó en su silla, sabiendo que estaba a punto de recibir una lección práctica, sin florituras.

—Mira, en la ciencia de datos tienes lo que llamamos aprendizaje supervisado y no supervisado.
Lo primero, **aprendizaje supervisado**, es lo que más conoces: tienes **datos etiquetados**, es decir, sabes de antemano cuál es la respuesta correcta. Por ejemplo, imagina que estás entrenando un modelo para clasificar correos electrónicos como "spam" o "no spam". Ya sabes cuáles correos

fueron identificados como spam y cuáles no porque el usuario te ayudó con el etiquetado previamente, así que el modelo aprende a distinguir entre ambos. Eso es supervisado, y dentro de este están la clasificación y la regresión.

El ejemplo que te di del spam es una clasificación ya que decides si es o no es. Y se pueden aplicar algoritmos muy sencillos o entran en juego algunos más interesantes como los árboles de decisión o las máquinas de soporte vectorial, que no solo buscan la respuesta más obvia, sino que identifican las fronteras entre diferentes situaciones.

Y cuando hablas de regresión estamos hablando de responder un valor numérico, por ejemplo este email tiene un 95% de probabilidades de ser spam. Las regresiones pueden modelar relaciones tan complejas como quieras, usando múltiples variables y ajustándose a curvas y patrones que no son evidentes a primera vista, no sólo son modelos lineales.

Rocío asintió, comprendiendo que había más profundidad de la que normalmente se discute en clase.

—Pero, luego está el **aprendizaje no supervisado**, que es un poco más... libre, por así decirlo —continuó su padre, tomando un sorbo de café—. Aquí no tienes "etiqueta", ni idea de cuál es la respuesta correcta. Le pides al modelo que encuentre patrones por sí solo, como cuando estás explorando un territorio desconocido.

Por ejemplo, en **clustering**, puedes agrupar a los clientes de una empresa según sus comportamientos sin saber de antemano qué grupos existen. Es como explorar un bosque sin un sendero marcado y dejar que los propios árboles te guíen para descubrir nuevos caminos.

—Eso suena como... ¿caminar a ciegas, pero dejar que el entorno te muestre la dirección?

—Exactamente —respondió su padre, complacido de que Rocío captara la esencia de la idea—. Y no solo eso, también tienes técnicas como la reducción de dimensionalidad, que es como condensar toda la información que tienes en algo más manejable. Por ejemplo, si estás manejando una cantidad inmensa de variables, como en un análisis genético, puedes usar algo como el Análisis de Componentes Principales (PCA) para identificar qué factores son realmente importantes y cuáles sólo están creando ruido.

—Lo de PCA lo vimos en clase, pero no lo habíamos relacionado con aplicaciones tan concretas.

—Bueno, esa es la cuestión. El aprendizaje no supervisado es poderoso porque no te obliga a ver las cosas de una manera predefinida. Te permite descubrir relaciones y estructuras ocultas que no habrías notado si solo te concentras en las predicciones. Es como ser un explorador en lugar de un cartógrafo.

Rocío se quedó pensativa un momento, tratando de absorber todo lo que su padre le decía.

—Y no nos olvidemos de otros aspectos clave de la ciencia de datos —prosiguió su padre—. Como la **detección de anomalías**. Esto es esencial en campos como la ciberseguridad o la detección de fraudes. No se trata de predecir qué va a pasar, sino de identificar cuándo algo no encaja con lo que es normal. Es como tener un sexto sentido que te dice cuando algo está mal en un sistema complejo.

—Me imagino que eso se puede aplicar en muchísimos campos.
—Totalmente. Y luego tienes la **ingeniería de características**, que es donde realmente puedes

marcar la diferencia. No es solo alimentar datos al modelo y esperar lo mejor. Es como cocinar: los ingredientes son importantes, pero cómo los combines y prepares es lo que define el resultado final. Seleccionar las variables correctas, crear nuevas a partir de las existentes, y transformar los datos de manera que el modelo los entienda mejor es un arte en sí mismo.

Rocío se recostó en su silla, sintiendo que la conversación había sido justo lo que necesitaba para organizar sus pensamientos.

—Entonces, la ciencia de datos es realmente mucho más que solo predicciones. Es una disciplina que, si la entiendes bien, te da una cantidad inmensa de herramientas para resolver problemas de formas que a veces no son tan obvias.

—Así es, Rocío. Y esa es la clave. Entender que cada problema es diferente y que la ciencia de datos te ofrece múltiples formas de abordarlo. No te quedes con lo superficial; profundiza, experimenta, y descubrirás que tienes un arsenal a tu disposición.

Rocío se levantó, dándole un abrazo a su padre antes de dirigirse a su habitación a dormir. Se sentía lista para enfrentar el siguiente desafío, sabiendo que tenía mucho más que solo predicciones en su caja de herramientas.

21. El invierno desde el perceptrón hasta los GPTs.

La tarde se deslizaba suavemente sobre Ithaca, tiñendo el cielo de un cálido tono rojizo que se reflejaba en las tranquilas aguas del lago Cayuga. Ithaca, con su paisaje de colinas y cascadas, era un refugio ideal para el intelecto y la contemplación. Este rincón apacible y universitario había proporcionado a Frank Rosenblatt el entorno perfecto para sus innovadoras investigaciones sobre la inteligencia artificial. Allí, rodeado de naturaleza, encontraba la inspiración necesaria para explorar los misterios de la mente y las máquinas.

Rosenblatt, usaba su casita junto al lago como su laboratorio personal. Vestido con un traje oscuro y una camisa blanca, encarnaba la imagen clásica del académico dedicado, más enfocado en sus estudios que en cualquier otro aspecto de la vida cotidiana. Esa tarde de 1958, mientras el viento jugaba entre los árboles, él revisaba su trabajo más reciente: "The Perceptron: A Probabilistic Model for Information Storage and Organization in the

Brain" dándole vueltas a sus posibles aplicaciones. Ese artículo había causado una revolución en la comunidad científica, presentando un modelo de red neuronal capaz de aprender a partir de la experiencia, y debía dar respuesta a muchas dudas de la comunidad que eran nuevas.

El perceptrón, una idea que había nacido de su interés por la psicología y la tecnología, prometía grandes avances en la comprensión de la inteligencia artificial. Rosenblatt había demostrado que era posible entrenar una máquina para reconocer patrones, un logro que, aunque técnico, tenía profundas implicaciones filosóficas y prácticas. Mientras leía su propio trabajo, sentía un orgullo justificado pero también era consciente de que su modelo, aunque pionero, aún tenía un largo camino por recorrer.

Un golpe en la puerta interrumpió sus pensamientos. Era el cartero, quien le entregó una carta.

¡Era de Marvin Minsky!.

Con cierta expectación, Rosenblatt abrió la carta y comenzó a leer. Minsky, con su característico rigor, elogiaba el avance que el perceptrón representaba, pero no tardaba en señalar sus limitaciones técnicas. Indicaba que, aunque el perceptrón era un modelo prometedor, tenía restricciones importantes que no podían ignorarse. El enfoque de Minsky se centraba en la capacidad limitada del perceptrón para resolver problemas complejos, lo que ponía de relieve la necesidad de desarrollar redes más sofisticadas. Sin embargo, sus críticas no eran destructivas; al contrario, estaban llenas de respeto y ofrecían un camino para mejorar el trabajo ya realizado.

Rosenblatt dejó la carta sobre su escritorio y caminó hacia la ventana. Desde allí, podía ver cómo las últimas luces del día se reflejaban en el lago, creando un paisaje sereno que contrastaba con el torbellino de pensamientos en su mente. A pesar de las observaciones de Minsky, Rosenblatt sentía una profunda gratitud. Sabía que las críticas eran una parte esencial del proceso científico, un estímulo para ir más allá de las fronteras actuales del conocimiento, y ninguna de sus críticas eran algo de lo que él no fuera consciente.

Decidió responder de inmediato, agradeciendo a Minsky por sus comentarios y compartiendo su propia visión del futuro. Explicó que, aunque reconocía las limitaciones del modelo actual, su investigación ya estaba avanzando hacia redes más complejas, con la esperanza de superar los obstáculos identificados. El camino no sería fácil, estaba convencido, pero las redes neuronales tenían un potencial aún sin explotar.

Con la carta ya sellada y lista para enviar, Rosenblatt sintió la necesidad de despejar su mente. Se dirigió al puerto náutico y se embarcó en su velero, su compañero de reflexiones en momentos cruciales. Mientras el viento llenaba las velas y el barco se deslizaba por las aguas, Rosenblatt reflexionaba sobre el futuro de la inteligencia artificial. Creía firmemente que la próxima década sería testigo de grandes avances, pero al mismo tiempo, era consciente de los desafíos que se avecinaban.

Sin embargo, el destino tenía otros planes. Poco después Minsky y Seymour Papert publicaron el libro "Perceptrons: An Introduction to Computational Geometry", una obra que reconocía los logros de Rosenblatt pero también exponía con dureza las limitaciones del perceptrón. Esta crítica, aunque justificada, fue malinterpretada por la comunidad científica y empresarial, lo que resultó en un desánimo generalizado y una drástica reducción en la financiación para la investigación en IA.

Al borde de su velero, Rosenblatt miró hacia el horizonte, sintiendo el peso de una época que se cerraba. A pesar de las críticas y los reveses, estaba seguro de que su trabajo no había sido en vano. Las olas del lago Cayuga, más rabiosas de lo normal, le recordaban que la ciencia, como la navegación, es una travesía llena de incertidumbres. Aunque el invierno de la inteligencia artificial había llegado, Rosenblatt sabía que su semilla había sido plantada, y que algún día, en un futuro incierto, volvería a florecer.

Y así fue, pero pasaron décadas para ello. Las redes neuronales, eclipsadas por el escepticismo y las críticas, permanecieron en un letargo casi absoluto. Pero las ideas, como las semillas, pueden dormir bajo la tierra fría sólo para emerger con fuerza renovada cuando las condiciones son favorables. Y eso es exactamente lo que ocurrió con las redes neuronales, cuya esencia, plantada por Rosenblatt, renació de forma gloriosa a finales del siglo XX y floreció en el siglo XXI.

El crepúsculo se cernía nuevamente en un eco distante del pasado, pero esta vez la vista le pertenecía a una nueva generación de científicos que, inspirados por su trabajo, habían comenzado a explorar territorios inexplorados.

En un laboratorio lleno de ordenadores y pantallas resplandecientes, los ecos de los primeros intentos con el perceptrón resonaban en el zumbido suave de los servidores que procesaban datos a velocidades inimaginables en otras épocas.

Aquel trabajo que Rosenblatt comenzó, limitado por las capacidades computacionales de su tiempo, había trascendido sus propias limitaciones gracias a avances claves en la ciencia de la computación. Lo que una vez fue solo un simple modelo capaz de aprender patrones sencillos, se había transformado en redes neuronales profundas que, mediante el aprendizaje profundo, podían descifrar y generar texto, imágenes e incluso predecir comportamientos complejos.

Sin embargo, el verdadero punto de inflexión llegó en 2017, cuando un grupo de investigadores presentó el Transformer, un modelo que resolvía los problemas que limitaban a las redes recurrentes y las superaba con creces. Aquel Transformer, con su capacidad para "atender" a diferentes partes de un texto de forma simultánea, abrió la puerta a una nueva era en el procesamiento del lenguaje natural, lo que eventualmente conduciría al desarrollo de los grandes modelos del lenguaje y los GPTs que es un tipo de estos.

Estos Transformadores Generativos Preentrenados (GPTs), con millones y luego miles de millones de parámetros, tenían la capacidad de aprender representaciones complejas de los datos. Cada parámetro era como un pequeño engranaje en una máquina colosal, ajustado para captar sutiles patrones y matices en el lenguaje. Los GPTs eran capaces de procesar enormes volúmenes de texto, dividiéndolo en unidades llamadas tokens. Estos tokens, que podían ser palabras enteras, partes de palabras o incluso caracteres individuales, eran las piezas fundamentales que el modelo utilizaba para entender y generar lenguaje humano.

Cada generación de GPT se volvía más sofisticada, con más parámetros que permitían al modelo afinar aún más su capacidad para interpretar y generar texto a partir de estos tokens. La relación entre los tokens y los parámetros era fundamental: los tokens eran la materia prima que el modelo transformaba en texto coherente, y los parámetros eran los componentes que hacían posible esa transformación, operando sobre los tokens para generar respuestas que parecían cada vez más humanas.

Desde su velero, Rosenblatt podría haber observado este desarrollo como el florecimiento de las semillas que él había plantado. La idea fundamental que su perceptrón introdujo al mundo—que una máquina podría aprender de los datos—había sobrevivido al invierno y crecido hasta convertirse en el tronco robusto de la inteligencia artificial moderna.

Ahora, los GPTs, no solo clasifican datos, sino que crean arte, resuelven problemas y asisten a los humanos en formas que él mismo habría considerado ciencia ficción.

La IA generativa, tan de moda en la actualidad, era el fruto maduro de un árbol que empezó a crecer en Ithaca, junto a un lago, bajo el cielo rojizo de una tarde de 1958.

El largo invierno había terminado. Y como todo ciclo natural, el renacimiento estaba inevitablemente destinado a llegar.

22. El bar donde las bicicletas piensan.

Iker llegó a la cafetería con pasos rápidos, el tipo de prisa que indica que sabe que llega tarde, pero no lo suficiente como para disculparse. Había sido un día muy cansado, puede ser porque la última noche no durmió poco por leer más sobre visión artificial en internet. Sin embargo, al cruzar el umbral de aquel acogedor rincón en el centro de Madrid, todo eso quedó atrás.

El lugar, como siempre, estaba lleno de vida. A la izquierda, dos nómadas digitales estaban enfrascados en sus portátiles, como si estuvieran librando una épica batalla de código. En la barra, una pareja de turistas alemanes, probablemente en su primera visita, se deleitaba con los aromas del café recién molido, mientras intercambiaban sonrisas tímidas. La atmósfera era un refugio del caos cotidiano, un lugar donde el tiempo parecía detenerse, al menos por un rato.

Iker vio a sus amigos ya reunidos en la mesa habitual. Allí estaban Willy, con su eterna expresión de desencanto existencial; Belge, con su estilo casual, siempre fiel a sus camisetas desgastadas y zapatillas cómodas, sacaba unos años al resto pero no se notaba; Morillas, hablando apasionadamente y agitando las manos con la efusividad que le caracterizaba; y Zack, siempre tranquilo, disfrutando de un momento de relax sin videojuegos. Sobre la mesa, refrescos y patatas fritas, ya prácticamente vasos aguados, señales de que la conversación ya llevaba un buen rato.

—Ya era hora, ca***n —lo saludó Willy, levantando un dedo con tono de broma.

Iker sonrió y se dejó caer en el sillón, aceptando la reprimenda con humor. Hizo una seña al camarero, un joven con el típico aire despreocupado de los malasañeros, pidiendo una Coca-cola y se preparó para sumergirse en la charla.

—Estábamos justo hablando de cómo hacer que las IAs generativas te entiendan mejor —comentó Zack, lanzando una mirada a Iker—. Esto te interesa, son experiencias en común.

Iker arqueó una ceja, intrigado. Morillas tomó la palabra de inmediato, como si hubiera estado esperando este momento.

—El truco, como todo en la vida, está en saber pedir las cosas —empezó, con la mirada intensa que adoptaba cuando un tema le apasionaba—. Cuando usas una IA, no se trata solo de escribir una frase y esperar magia. Hay una serie de requisitos clave para un prompt eficaz.

—¿Prompt? —interrumpió Belge, entrecerrando los ojos—. ¿Eso qué es?

—El "prompt" es lo que le das a la IA para que trabaje, es como el encargo que le haces —explicó Zack—. Y para que te dé lo que realmente quieres, necesitas ser muy claro en tu solicitud.

—Exacto —asintió Morillas, levantando un dedo como si estuviera dando una lección—. Lo primero es dar comandos de acción. Usa verbos claros, como "generar", "crear", "describir". Y, por supuesto, proporciona contexto. No es lo mismo pedir "genera una imagen de un bosque" que "genera una imagen de un bosque en otoño al estilo de un libro infantil ilustrado". La IA necesita ese trasfondo para entender lo que realmente quieres.

—Además, la claridad y especificidad son clave —añadió Iker, que ya se había sumado a la conversación con interés—. Si no eres preciso, el resultado puede ser cualquier cosa. Es como pedirle a alguien que te cuente una historia sin decirle de qué género, cuánto debe durar, o si prefieres un final feliz o triste. Hay veces que es útil no especificar si quieres algo aleatorio, pero requiere mucha prueba y error.

—Para eso ayuda mucho ofrecer ejemplos —dijo Willy, mientras jugaba con su vaso vacío—. Suelo mostrarle referencias, especialmente si es algo muy específico en estilo o tono, etc.

Belge frunció el ceño, tratando de asimilar la información.

—¿Pero esto para qué sirve? —preguntó, cruzándose de brazos—. Digo, aparte de divertirse un rato generando cosas.

—Podrías usarlo para tu blog, por ejemplo —dijo Zack—. Es útil para muchas cosas, investigación, redacción, hasta la traducción. Incluso para diseñar la portada de un libro. La IA puede ser una gran herramienta si sabes cómo utilizarla.

—Imagina que necesitas describir una escena en particular, pero no estás seguro de los detalles históricos o técnicos —intervino Morillas, inclinándose hacia adelante—. La IA te puede ayudar a generar un texto preciso, con todos esos detalles que a veces se nos escapan.

—O incluso para traducir pasajes complicados a otros idiomas —añadió Iker—. Ya que no solo traduce, adapta, y revisándolo te aseguras de que el tono y el estilo se mantengan.

—Vale, eso suena interesante —concedió Belge, asintiendo lentamente—. Pero ¿qué pasa si no me gusta lo que genera? ¿No estoy perdiendo el control? ¿No se equivoca?

—Más que equivocarse alucina, jaja. Ahí es donde toca modificar, prueba y error —respondió Morillas—. La idea es que puedes ajustar y refinar el prompt tantas veces como necesites. Como un editor que revisa y mejora cada versión de un manuscrito.

Iker asintió, notando que Belge empezaba a comprender las posibilidades.

—A día de hoy tiene las capacidades de un asistente novato al más puro estilo humano —concluyó—. Pero uno que nunca se cansa, que puede revisar y generar ideas nuevas hasta que estés satisfecho.

En ese momento, Morillas, que había estado escuchando con atención, dejó que una sonrisa traviesa se asomara a su rostro.

—Hacía tiempo que no nos juntábamos todos, ya tocaba hablar de ideas locas, ¿no? —dijo, subiendo un poco el volumen con la emoción que llevaba días conteniendo—. Os quiero contar algo que he estado haciendo con IA.

Willy lo miró con una mezcla de curiosidad y escepticismo. Él, que había estudiado programación desde niño sabía que contaría algo de tecnología aplicada pero muy loca, esperaba también una montaña de trabajo en una idea que, si no se manejaba con cuidado, no siempre daba el beneficio esperado.

—Adelante, ilumínanos —dijo Willy, tomando un sorbo de Fanta.

Morillas se inclinó hacia adelante, su voz bajó ligeramente, como si estuviera a punto de compartir un secreto.

—Imaginad esto —comenzó—. Una IA para automatizar nuestra vida al igual que hacen las empresas, que gestione todas las interacciones digitales que tenemos que a mí ya me estresan demasiado. Entrenarla con cosas nuestras —correos, mensajes, búsquedas, incluso forma de escribir—, y conteste a todo lo que te entre por email, WhatsApp, lo que sea. Delegamos totalmente en la IA y ella responde por nosotros, da igual lo importante que sea la decisión. ¿Una pregunta de un amigo? ¿Una oportunidad de trabajo? Incluso, ¿Una respuesta a tu madre?

La idea cayó sobre la mesa como un mazazo. Iker, que había estado observando una bicicleta colgada en la pared, giró la cabeza sorprendido. No era la primera vez que Morillas proponía ideas descabelladas, pero esta... esta era diferente porque lo decía muy en serio.

—Me vais a buscar la ruina... —comentó Willy, su tono cargado de ironía—. ¿Depender de una IA para tomar decisiones? Prefiero seguir, como siempre, cagándola por mí mismo, pero sin ayuda, gracias.

—No es tan descabellado bien enfocado —intervino Zack, quien hasta ahora había permanecido callado—. Si es interacción vía texto está chupado, y la gente no notaría la diferencia. Ya estamos viendo cómo las IAs, como los asistentes virtuales, automatizan tareas cotidianas, desde organizar calendarios hasta responder correos, haciendo más eficiente el día a día. Además las IAs en muchos casos toman mejores decisiones que nosotros, especialmente en situaciones donde hay demasiadas variables y encima son decisiones frías...

Iker se quedó en silencio, escuchando, observando cómo la conversación tomaba vida propia. Ese era el encanto de la quedada, pensó. Un lugar donde podías desconectar del mundo, pero al mismo tiempo, reconectar con las ideas, con las conversaciones que realmente importaban.

Aquí, entre amigos y copas, las locuras de Morillas dejaban de ser simples teorías para convertirse en algo más, en posibilidades, en caminos que, quién sabe, tal vez alguien en algún lugar decidiría recorrer.

—Seguro que de todo esto ya tienes hasta un prototipo, ¿no? ¿lo has probado ya con tu novia? —dijo Iker, sonriéndole.

Morillas casi se atraganta de la risa tomando un sorbo de su Redbull.

—Por supuesto. ¿Qué os pensáis? Esto es algo que ya estoy probando, y los resultados son... interesantes.

El camarero dejó una Coca-cola frente a Iker, y este lo tomó, sintiendo el frío del cristal en su mano. Alzó la copa, con una sonrisa cómplice.

—Por nosotros y por las ideas locas. Que la IA nos mantenga siempre pensando.

Y así, entre risas y debates apasionados, la noche continuó en ese pequeño refugio en el corazón de Madrid donde los sueños, por más descabellados que fueran, siempre encontraban su lugar.

23. Herramientas cognitivas:

Sinergia Humano-Máquina.

La noche caía lentamente, y el bar, casi vacío, se volvía un lugar de reflexiones profundas. Las conversaciones se habían reducido a susurros y las luces comenzaban a apagarse en las mesas más alejadas.

Los amigos se despidieron uno a uno, ya era tarde y había que irse a casa, dejando a Belge y Morillas todavía inmersos en una noche de charlas intensas.

—Oye, Morillas, antes de que te vayas, hay algo que no me quito de la cabeza desde que lo mencionaste —dijo Belge, con esa mezcla de curiosidad y urgencia que a veces surge al final de la noche.

Morillas, siempre dispuesto a una buena conversación, dejó la cucharilla en la mesa y se inclinó hacia adelante.

—Dime, Belge. ¿Qué te ronda la cabeza? —preguntó, con ese tono que mezclaba el interés sincero con un toque de chulería madrileña.

—Lo de las IAs generativas… Me queda claro el potencial, pero no soy tan técnico como vosotros, quiero entender mejor cómo puedo aplicarlas en mi día a día. No sé por dónde empezar.

Morillas asintió, viendo que su amigo estaba hablando en serio. Se acomodó en su silla, listo para una explicación más detallada.

—Claro, Belge. Vamos a ir al grano. Lo primero es entender que hay varias herramientas de IA que puedes agrupar según lo que necesites hacer y cómo usarlas. Las podemos dividir en cuatro grandes categorías: Texto, Imagen, Vídeo y Audio.

Belge asintió, notando que esta estructura le ayudaba a poner orden en su cabeza.
—Venga, dale —dijo, invitando a Morillas a continuar.
Morillas hizo una pausa, asegurándose de que Belge estuviera listo para absorber la información.

—Para todo lo que tenga que ver con texto y análisis, las herramientas multimodales son tu mejor baza —empezó Morillas—. Ejemplos: ChatGPT (OpenAI), Claude (Anthropic), Gemini (Google), Mistral AI o LlaMA. Estas te vienen perfectas si estás escribiendo un artículo para tu blog o un ensayo, porque te generan contenido que está bien hilado y estructurado. Además, te revisan el estilo y la gramática, y te sugieren sinónimos o frases que le dan vidilla a tu texto. Esto te saca de apuros cuando te quedas atascado y necesitas un empujón creativo.

Belge, imaginando cómo estas herramientas podrían aliviar la carga de su trabajo diario, asintió lentamente.

—Pero eso no es todo. Si te toca hacer investigación, pueden asimilar grandes cantidades de información, resumiendo artículos densos o informes económicos y dándote solo lo que de verdad importa. Así te puedes centrar en lo que realmente cuenta, sin perderte en detalles que no suman. Piensa en esos informes que te cuesta resumir o que no te da el tiempo para leerte enteros; estas IAs lo hacen en un santiamén. Tienen diferentes capacidades, versiones y limitaciones (como el acceso a internet o no). Yo, personalmente, prefiero las que son open source o las versiones gratis.

Belge tomó nota mental, sintiendo que la charla iba por buen camino.

—Esto es solo el principio; la cosa mejora cuando pasas a otras áreas —añadió Morillas, viendo que su colega seguía interesado.

—¿Y qué hay de lo visual? —preguntó Belge.

—Ahí es donde entran las herramientas de Imágenes, como MidJourney, FLUX, DALL-E o Stable Diffusion. Te ayudan a crear gráficos, diagramas y visualizaciones personalizadas que hacen que tus datos sean más fáciles de entender, algo clave en tus presentaciones de economía. Además, las puedes usar para generar imágenes atractivas para tus redes sociales o para ilustrar tus publicaciones. Por ejemplo, si estás escribiendo sobre tendencias, le puedes pedir a la IA que te genere un gráfico visualmente atractivo que resuma los datos que has analizado, haciendo tu contenido más digerible.

Morillas hizo una pausa, permitiendo que Belge procesara la información.

—En resumen, estas herramientas te permiten dar vida a tus ideas de manera visual y dinámica, haciendo que tus presentaciones sean memorables —añadió Morillas, con una sonrisa cómplice.

Belge, cada vez más convencido, asintió nuevamente.

—Luego está el Video —continuó Morillas—. Si necesitas crear presentaciones impactantes o incluso vídeos para tus proyectos, tienes que echarle un ojo a Runway, Pika, Sora o Stability.ai. Son geniales para cuando necesitas hacer presentaciones que marquen diferencia en conferencias o webinars, donde los gráficos y avatares animados pueden captar la atención del público. Por ejemplo, si estás explicando una predicción económica complicada, podrías usar estas herramientas para generar un vídeo que desglosa el proceso de manera clara y atractiva, asegurando que el mensaje llegue bien.

—Eso suena tremendo —dijo Belge, impresionado por las posibilidades.

—Finalmente, para el Audio, si alguna vez necesitas música, efectos de sonido o hasta voces sintéticas para acompañar tus vídeos o presentaciones, **MusicGen (Meta)**, **MusicLM (Google)** o **HeyGen** son de las mejores. Van genial para podcasts, narraciones o cualquier contenido donde el audio sea clave. Imagínate creando un podcast sobre economía; podrías usar estas IAs para generar una intro personalizada, con música que capture el tono de tu programa, y hasta voces sintéticas que se integren en la narración.

Morillas se recostó en su silla, observando cómo su amigo asimilaba toda la información.

—Entonces, Belge, la idea es que agrupes lo que necesitas en estas categorías. Si necesitas texto, imagen, vídeo o audio, ya sabes por dónde tirar. Y a partir de ahí, puedes pensar en cómo integrarlas en tu rutina diaria. Al principio puede parecer un lío, pero una vez que les pillas el truco, verás que se convierten en una extensión natural de tu trabajo.

Belge asintió, sintiendo que la conversación había despejado muchas de sus dudas, pero Morillas no había terminado.

—Y aquí viene la **parte clave**: cómo le hablas a estas herramientas. Ya lo comentamos antes, ¿te acuerdas? Todo va de los prompts. Como decíamos, lo primero es dar comandos claros: verbos como "genera", "crea", "describe". Pero lo importante de verdad es el contexto. No es lo mismo pedir "genera una imagen de un gráfico económico" que "genera una imagen de un gráfico que muestre el crecimiento del PIB en los últimos diez años, con un diseño minimalista y colores azul y gris". Ese nivel de detalle es lo que marca la diferencia.

—Y sí, ser claro y específico es la clave —añadió Morillas, recalcando la importancia—. Si no eres preciso, te puede salir cualquier cosa. Y si quieres que la IA se enfoque más en un aspecto, como el impacto social de una política económica en lugar de los aspectos técnicos, dilo. No te cortes en guiar a la IA para que te dé justo lo que buscas.

Belge asintió, comprendiendo que el control sobre el proceso estaba en los detalles que le ofreciera a la IA.

—Y algo más. Tienes una herramienta potente en tus manos, pero también necesitas paciencia. Puede que no te salga lo que quieres a la primera. Ahí es donde entra el proceso de iteración. Pide más prompts, ajusta detalles, y afina hasta que consigas justo lo que necesitas. Es como un diálogo continuo con un asistente que no se cansa y siempre está dispuesto a currar hasta que estés satisfecho.

Belge sonrió, aliviado al ver que todo lo que había aprendido esa noche no era solo teoría, sino que tenía aplicaciones prácticas y concretas en su día a día.

—Gracias, Morillas. Ahora lo tengo mucho más claro, y no solo sé cómo integrarlo en mi trabajo, sino que también sé cómo hacerlo de manera efectiva.

—No hay de qué —respondió Morillas con una sonrisa—.

Ya sabes que me gusta hablar de estas cosas. Y si necesitas más ayuda, me das un toque, que cada día hay nuevas herramientas y aquí estamos aprendiendo todos y todos los días.

Belge se levantó, estrechando la mano de Morillas. Sentía que aquella conversación había sido el empujón que necesitaba para sumergirse en el mundo de las IAs con confianza y dirección.

Mientras se alejaba una rueda girando le recordó que, al igual que ella, sus ideas también podían mantenerse en movimiento, siempre que supiera cómo impulsarlas en la dirección correcta. Con renovada confianza, Belge tomó el bus de vuelta a casa, listo para explorar el mundo de posibilidades que se abría ante él.

"Al final de todo libro siempre hay una sorpresa"

24. IA para el bien.

Rocío estaba sentada en la pequeña mesa del salón, la que su madre siempre llamaba "su rincón de hacer los deberes", aunque en realidad era el rincón donde siempre se concentraban las conversaciones más importantes. Afuera, el viento de otoño comenzaba a arrastrar las primeras hojas caídas del granado que había visto crecer junto a la ventana. El aroma a café recién hecho inundaba el ambiente, mezclándose con el del pan tostado que Rocío apenas había tocado.

—Mamá, he estado pensando mucho en qué hacer después de terminar la carrera —dijo Rocío, rompiendo el suave silencio. Miraba su taza, como si el café pudiera darle respuestas.

Su madre, sentada frente a ella, levantó la mirada de la revista que hojeaba distraídamente. Sonrió, pero no esa sonrisa ligera y cotidiana, sino una de esas que iluminaban sus ojos, una de esas que Rocío recordaba desde niña, como si en ese gesto se concentraran años de amor, cuidado y, sobre todo, orgullo.

—¿Y ya tienes alguna idea Roci? —preguntó su madre, con esa voz suave que sólo una madre sabe usar, la que invita a abrirse sin temor.

Rocío suspiró y, por un momento, sintió que todo el peso de las expectativas del mundo recaía sobre sus hombros. Terminar la carrera no era cualquier cosa, y menos en un mundo donde las aplicaciones de la inteligencia artificial crecían de manera exponencial, casi sin límites, sin saber en qué especializarse. Pero lo tenía claro. Desde siempre había sentido esa necesidad interna de hacer algo que realmente importara, algo que dejara una huella positiva en el mundo.

—Sí, lo tengo claro... Quiero usar la inteligencia artificial para hacer el bien. Quiero que todo lo que haga, de alguna manera, ayude a mejorar el planeta, la salud de las personas... quiero cuidar a todos.

Su madre sonrió de nuevo, pero esta vez con una profundidad más serena, como si reconociera en su hija a la mujer que ella había soñado ver crecer.

—Sabes que estoy muy orgullosa de ti, ¿verdad? —dijo, inclinándose un poco hacia adelante, como si ese simple gesto pudiera acortar las distancias emocionales—. Es una gran decisión. Y hay tantas maneras en las que puedes lograrlo... Veamos en qué podemos pensar.

Rocío la miró, atenta, absorbiendo cada palabra como si fueran lecciones de vida, como si el café se convirtiera en una especie de ritual de aprendizaje.

—**Cuidar del planeta** es importante, cada día más. Y, gracias a la IA, podemos hacer mucho. Piensa en las energías renovables, por ejemplo. La IA puede optimizar la energía solar, la eólica... Puede predecir cuándo el viento va a soplar con fuerza suficiente para mover las turbinas, o cuándo el sol va a brillar lo suficiente para alimentar las ciudades. Y, lo mejor de todo, puede gestionar estas fuentes de energía para que sean más eficientes, para que no malgastemos ni un solo rayo de sol, ni una sola ráfaga de viento.

Rocío asintió, imaginando las ciudades del futuro funcionando como organismos inteligentes, respirando a través de la energía limpia y renovable, con la IA orquestando cada movimiento, cada interrupción, asegurándose de que nada se desperdicie.

—Y no sólo eso —continuó su madre—. Piensa en la captura de carbono, en los bosques que necesitan ser protegidos. Hay algoritmos que ya están monitoreando la deforestación en tiempo real, alertando a las autoridades cuando se pierde un solo árbol. Y también pueden ayudarnos a reforestar, a saber, exactamente, cuándo y dónde plantar para que los árboles crezcan más fuertes y más rápido, protegiendo nuestra biodiversidad y capturando carbono.

Rocío sonrió ante la idea de un mundo donde los bosques se regeneraban casi tan rápido como se destruían, con la IA como aliada en esa lucha silenciosa pero crucial.

—Claro, es mucho más que solo bosques o energía —prosiguió su madre, viendo cómo la mirada de su hija se iluminaba ante las posibilidades—. También está prevenir desastres antes de que ocurran como terremotos y tsunamis, o la gestión del agua. En zonas donde la sequía azota más fuerte, los algoritmos pueden predecir dónde será más necesario el riego, dónde es más urgente optimizar el uso del agua. Incluso pueden detectar fugas en las ciudades antes de que se desperdicien millones de litros.

—Todo eso es tan necesario ahora —murmuró Rocío—. Pero... ¿y si quisiera ir más allá? No solo mitigar el daño, sino preparar a las sociedades para adaptarse a lo que ya no podemos cambiar…

Su madre la miró con una expresión de profunda comprensión. Sabía que su hija siempre había querido ir más allá, ver el horizonte y buscar soluciones en todos los frentes.

—Claro, también podemos adaptarnos. La IA puede ayudarnos a diseñar infraestructuras más resistentes, materiales que soporten las tormentas y los huracanes. Ciudades enteras que, con el análisis de datos geográficos y climáticos, puedan soportar los desafíos del futuro. Imagínalo, Rocío: carreteras que se reparan solas antes de que una inundación las destruya, puentes que resisten terremotos, todo diseñado con una precisión y anticipación que solo la IA puede ofrecer.

El entusiasmo en la voz de su madre se reflejaba en la creciente determinación de Rocío. Sí, la IA tenía ese poder. No era solo tecnología, era la posibilidad de transformar el mundo, de salvarlo.

—Y si miramos más allá del medio ambiente —dijo su madre, suavemente, como si guiara el pensamiento de Rocío hacia un lugar más profundo—, también está la salud. La IA puede ayudarnos a predecir enfermedades, a personalizar los tratamientos para cada persona. Puede diagnosticar a través de imágenes médicas en cuestión de segundos lo que a un ser humano le tomaría horas, tal vez días, ver. Y no solo eso, puede hacer que la medicina sea accesible en los rincones más remotos del planeta. Imagina una comunidad en medio de la nada, donde un niño está enfermo. Con la IA, los médicos pueden diagnosticar desde miles de kilómetros de distancia y enviar el tratamiento adecuado sin que esa distancia importe. Construir dispositivos con analítica de audio que monitorizan la respiración de neonatos y alertan cuando es necesario.

Rocío ya no podía ocultar su emoción. Todo lo que su madre decía resonaba profundamente en su corazón. No solo podía ver el mundo como era, sino como podía ser, y sabía que la IA sería el instrumento que lo haría posible.

—Mamá, eso es lo que quiero hacer —dijo finalmente, con una convicción que resonaba en cada sílaba—. Quiero ayudar a construir ese futuro.

Su madre sonrió, esa sonrisa suave y orgullosa, y estiró la mano para tomar la de su hija.

—Entonces, ve y hazlo, Rocío. El mundo te necesita.

Rocío apretó la mano de su madre, sintiendo en ese simple gesto todo el peso de los años de apoyo, de cuidado, de enseñanzas silenciosas. Estaba lista. El futuro estaba allí, esperándola, y ella lo tomaría en sus manos, con la inteligencia artificial como su aliada, pero, sobre todo, con un corazón que siempre buscaría hacer el bien.

25. Hacer del mundo un lugar más seguro.

En otros tiempos, la seguridad era un concepto sencillo. Bastaba con una buena cerradura y una mirada atenta. Hoy, el mundo ha cambiado. Nos hemos digitalizado a una velocidad que da vértigo, y con ello, también han cambiado las amenazas. La seguridad ya no depende de llaves o cerrojos, sino de datos. Es una cuestión de tecnología avanzada y, sobre todo, de inteligencia artificial.

Vivimos en un mundo donde las sombras ya no se esconden tras esquinas oscuras, sino detrás de pantallas brillantes. Las amenazas han dejado de tener rostro para convertirse en líneas de código, invisibles para el común de los mortales. Los cibercriminales que antes se dedicaban al hurto de billeteras hoy roban identidades, penetran en sistemas financieros y vacían cuentas bancarias desde la comodidad de su sillón. Y la desinformación, que solía ser un rumor malintencionado en una taberna, ahora se ha transformado en campañas meticulosas, a veces orquestadas desde el otro lado del mundo, desestabilizando gobiernos y fracturando sociedades.

El cibercrimen se ha convertido en un monstruo con múltiples cabezas. Los *deepfakes* han llegado, falsificaciones tan perfectas que te hacen dudar de lo que ves y oyes. Políticos pronunciando discursos que jamás dieron, celebridades confesando crímenes que nunca cometieron. Las voces son clonadas con tal precisión que ni el oído más entrenado puede notar la diferencia. Entonces, uno se pregunta: ¿hasta dónde llegará esto? ¿Veremos un futuro donde ni siquiera podamos confiar en nuestros propios recuerdos?

Los delincuentes, como siempre, han sabido aprovechar esta nueva realidad. Han domesticado la inteligencia artificial, poniéndola a su servicio. El tráfico de drogas y armas ya no depende solo de contactos en callejones oscuros. Ahora, algoritmos avanzados predicen rutas seguras, evitan patrullas, automatizan la logística. Un criminal ya no necesita estar presente; puede operarlas en remoto desde la producción hasta la entrega.

El fraude financiero es otro objetivo, y estas estafas ya no son simples correos mal redactados, son sistemas tan complejos que imitan a la perfección a instituciones legítimas engañando incluso a los más expertos. Las fortunas desaparecen en segundos, evaporadas como si nunca hubieran existido.

Y frente a este panorama, las autoridades y los ciudadanos enfrentan una tarea titánica. ¿Cómo combates a un enemigo que ni siquiera puedes ver? No hay un villano de sombrero negro sentado detrás de un escritorio, sino máquinas que piensan, calculan y actúan más rápido de lo que cualquiera de nosotros podría imaginar. La IA está en manos de cualquiera, potencial para el bien pero también para el mal.

El ciudadano común ya no puede confiar en un candado o una contraseña simple. La ingenuidad se paga cara, y la ignorancia ya no es excusa. Quien no aprenda a defenderse en este campo de batalla digital será presa fácil. Porque en este nuevo mundo, la guerra no se libra en los campos ni en las ciudades, sino en las redes.

Pero no todo es pesimismo. Porque, aunque las amenazas se han multiplicado y sofisticado, también lo han hecho las defensas. Modelos de predicción que analizan patrones invisibles a nuestros ojos y predicen lo que está por venir, no sólo que nos permiten detectar que algo sucede sino anticiparnos. Cámaras que no solo ven, sino que piensan. Sensores que no solo registran, sino que interpretan. La inteligencia artificial ha tomado el mando, convertida en el guardián silencioso de nuestra era.

El futuro de la seguridad es digital. Las imágenes de alta definición y los sistemas de detección se entrelazan con el IoT, creando una red que recopila información sin descanso. La IA procesa esos datos, analiza y decide a una velocidad que escapa a nuestras capacidades. Y no hablamos solo de prevenir robos o sabotajes. Hablamos de detectar riesgos ocultos, peligros ambientales, cambios sutiles en el entorno.

El vigilante humano, observando una matriz de pantallas, ya es cosa del pasado. La cantidad de información generada por cámaras y sensores es inabarcable para una persona. Ahí es donde la IA despliega su poder, no solo observando, sino entendiendo, identificando y alertando. Va más allá de lo que nuestros sentidos humanos pueden captar. Monitorea vibraciones, gases invisibles, anomalías que pasarían desapercibidas para nosotros. Ha tejido una red de protección total que cuida tanto la seguridad física como el bienestar de las personas.

Y el AIoT —esa fusión entre IA e IoT— ha abierto horizontes insospechados. Vehículos, bienes de valor, incluso personas, están conectados y vigilados de manera natural. La seguridad se ha vuelto integral. Ya no se trata sólo de evitar intrusos, sino de proteger la salud y la seguridad de los trabajadores. Desde fábricas a plataformas petrolíferas, pasando por los bosques más remotos, los sensores vigilan y alertan. El trabajador nunca está solo; una red invisible lo acompaña, atenta a cualquier imprevisto.

Y esto es solo el principio. Robots y drones ya patrullan con precisión implacable. No sólo captan lo que ocurre, sino que escuchan incluso el sonido de una máquina fallando o detectan una voz donde no debería haber nadie. Los propios sonidos del fuego, del agua o de una ruptura se convierten en información que los sistemas procesan para protegernos.

¿Por qué limitarnos a los sentidos humanos cuando podemos ir más allá? Los sensores modernos perciben lo sísmico, lo químico, lo visual, todo más allá de los umbrales humanos. Vivimos rodeados de datos, en un océano de información compartida que permite predecir no solo delitos, sino desastres. La automatización es la pieza final del rompecabezas. Los humanos ya no ejecutan tareas rutinarias, orquestan el sistema. Ese es el presente, y ese es el futuro.

La seguridad ha dejado de ser estática. Es dinámica, viva, en constante evolución. Ha cambiado, y la IA ya no se conforma con protegernos cuando algo ha ocurrido. Se anticipa. Los espacios, los datos, las personas están bajo una vigilancia que excede nuestras capacidades. Estamos en una nueva era, donde la seguridad no duerme, no baja la guardia y siempre está un paso adelante, haciendo del mundo un lugar más seguro.

26. Mejorando el 80%:
Claves para convertir una idea en éxito.

Me gustaría hacer un pequeño ejercicio comparativo entre un proyecto de IA y el trabajo de un chef de cocina.

Imagina a un chef que lleva toda su vida preparándose para enfrentarse al reto de su vida, crear el menú más innovador y delicioso que jamás haya preparado.

Este chef no es cualquiera: es un maestro en su cocina, pero ahora debe hacer algo diferente. Ha sido llamado a diseñar un plato basado con técnicas avanzadas, y para añadir más complejidad, deberá integrar tecnologías punteras para que el proceso de preparación sea lo más eficiente y perfecto posible.

¿Cómo enfrentará este desafío? Siguiendo su propio método, dividido en cuatro fases, cada una crucial para el éxito de la receta final.

Fase 1: Conocer la necesidad (El momento de la inspiración)

El primer paso de nuestro chef no es ir directamente a la cocina, sino sentarse con quienes han encargado este reto culinario. En esta reunión inicial, se sienta con distintos "stakeholders" de la cocina y más allá, todas las personas que deben estar involucradas en el proceso: el dueño del restaurante, unos críticos culinarios, clientes cercanos y, por supuesto, los miembros de su equipo.

Cada uno tiene una perspectiva y necesidades diferentes.

- El dueño del restaurante busca algo innovador, pero que también sea rentable.
- Los clientes quieren una experiencia memorable, algo que nunca hayan probado antes, pero también desean que el plato sea accesible y satisfactorio.

- Los críticos, por su parte, están esperando un plato revolucionario, que se diferencie de cualquier cosa en el mercado.
- Y el equipo de cocina, por supuesto, busca asegurarse de que el plato sea técnicamente viable y que no sea una carga insuperable de trabajo.

En esta etapa, el chef define el "problema" que resolverá con su creación culinaria. ¿Será un plato que asombre por su creatividad? ¿O algo que responda a una necesidad concreta del restaurante, como atraer a más clientes jóvenes?

Aquí, se pregunta si realmente las técnicas de cocina molecular y las tecnologías avanzadas tienen un papel importante en este nuevo plato, o si quizás sería mejor un enfoque más tradicional. Este es el momento de asegurarse de que todos estén alineados y de que las expectativas estén claras antes de avanzar.

Fase 2: Diseñar la solución (El boceto del menú y la planificación de la receta)

Una vez que el chef tiene clara la necesidad y el objetivo, pasa a diseñar la receta. Aquí, la analogía con la ciencia de datos y la IA es crucial. El chef empieza por seleccionar los ingredientes: no cualquier ingrediente, sino aquellos que cumplirán con las expectativas de sabor, textura y presentación que se discutieron en la fase anterior. En el contexto de la IA, este sería el equivalente a recopilar los datos: el chef selecciona cuidadosamente los ingredientes, verificando su origen, frescura y calidad, al igual que un científico de datos selecciona las fuentes de datos más relevantes. Quizás, para innovar, el chef necesita ingredientes exóticos o raros que no son fáciles de encontrar, así que se aventura a buscar en mercados lejanos, o incluso sintetiza nuevos ingredientes en su laboratorio culinario, tal como en un proyecto de ciencia de datos se requiere enriquecido de datos para completar las fuentes originales.

Luego, el chef comienza la fase de prototipado. No se puede servir un plato nuevo sin antes haberlo probado. En este caso, el prototipo es una versión reducida del plato final. Quizás usa una cantidad pequeña de cada ingrediente para hacer pruebas y ver cómo interactúan los sabores y texturas. Al igual que en la IA, donde el prototipo sería un modelo preliminar, aquí el chef experimenta y ajusta la receta a pequeña escala. Asegurarse de que la privacidad de los datos y la experiencia del usuario son esenciales en la IA, lo mismo ocurre en la cocina: debe garantizar que la preparación respete la integridad de los ingredientes (el sabor original) y que el comensal disfrute la experiencia.

En esta fase, también toma en cuenta la experiencia del usuario: no solo se trata del sabor, sino de cómo será la presentación del plato, cómo lo percibirán los sentidos y qué emoción despertará en los comensales. Es igual al diseño de la experiencia del usuario en un sistema de IA: el resultado final debe ser algo que las personas disfruten y que les resulte útil.

Fase 3: Desarrollo e implementación (La preparación del plato y su integración en el menú) Ahora es cuando el chef entra en la cocina para preparar el plato completo. Aquí es donde la receta pasa de ser un plan teórico para convertirse en algo tangible. Esta es la fase en la que la ingeniería de datos se convierte en la preparación y manejo de los ingredientes. Primero, los ingredientes se limpian, cortan, y se preparan para ser cocinados, de la misma forma que los datos en un proyecto de IA deben ser limpiados y normalizados para ser útiles.

El chef ajusta las cantidades, calcula los tiempos de cocción y decide cómo combinar los ingredientes para que todos trabajen en perfecta armonía. Aquí es donde realiza lo que en la IA sería el feature engineering, seleccionando qué características de los ingredientes resaltarán más, y asegurándose de que cada sabor tenga su lugar en el plato final.

Llega el momento de la cocción: el chef comienza a aplicar las técnicas de cocina molecular y las herramientas que ha decidido utilizar. Quizás utiliza un horno automatizado que ajusta la temperatura en función de los cambios en los ingredientes, o tal vez un robot que ayuda a mezclar ingredientes con una precisión que un ser humano no podría lograr. En este punto, el chef está entrenando y ajustando el modelo, asegurándose de que todo funcione de acuerdo con lo planeado.

Una vez que el plato está listo, es el momento de probar con usuarios. Los primeros en probarlo son algunos miembros del equipo de cocina o clientes selectos. Tal como en la IA se hacen pruebas con usuarios para evaluar cómo interactúan con el sistema, aquí el chef evalúa las reacciones de los comensales y ajusta los detalles: tal vez un toque más de sal o un cambio en la textura de una guarnición. Esta retroalimentación es clave antes de lanzar el plato al menú completo del restaurante.

Fase 4: Evaluar y dar soporte (El feedback del cliente y las mejoras continuas)

Una vez que el plato ha sido lanzado oficialmente en el menú del restaurante, el trabajo del chef no termina. Ahora es el momento de evaluar el impacto: ¿Está el plato siendo bien recibido por los clientes? ¿Es rentable? ¿Está cumpliendo con las expectativas que se establecieron en la fase 1? Aquí es donde se miden las ventas, se reciben comentarios de los clientes y se analiza si el plato debe mantenerse tal cual o si necesita algunas mejoras.

De la misma manera, en un proyecto de IA, se mide el impacto del sistema una vez desplegado: ¿está ofreciendo valor real a los usuarios? ¿Es eficiente? ¿Hay mejoras que se puedan hacer para optimizarlo aún más? El chef escucha atentamente a los clientes y, si es necesario, ajusta la receta: tal vez cambia un ingrediente o ajusta la presentación para mejorar la experiencia.

En paralelo, el chef debe considerar los aspectos legales, éticos y de seguridad. ¿Algún ingrediente podría causar reacciones alérgicas? ¿Es ético utilizar ciertos ingredientes exóticos que podrían ser difíciles de obtener de manera sostenible? Estos temas son similares a los desafíos que enfrenta un equipo de IA cuando se preocupa por la ética, la transparencia y la seguridad del sistema.

El chef debe ser claro y transparente sobre los ingredientes utilizados y cómo se preparó el plato, asegurándose de que todo esté alineado con los estándares del restaurante y las expectativas del público.

Finalmente, el chef reflexiona sobre el éxito del plato y piensa en los siguientes pasos: ¿se puede mejorar aún más? ¿Podría esta receta ser la base para nuevos platos en el futuro? De la misma manera, en un proyecto de IA, siempre se deben considerar los próximos pasos: mejoras, actualizaciones y nuevas versiones del sistema.

Pero.... nuestro chef, gracias a su experiencia sabe cómo hacer las cosas bien, aunque a pesar de su pericia también sabe que no todo siempre está bajo su control.

En el mundo de la alta cocina, al igual que en los proyectos de IA, los desafíos no siempre provienen de la falta de habilidad, sino de decisiones impulsivas, atajos mal tomados y una mala planificación. Nuestro chef ha visto esto una y otra vez en su carrera, y aunque él sigue su metodología rigurosamente, sabe muy bien lo que ocurre cuando otros no lo hacen.

El chef apresurado y los atajos peligrosos

Un día, nuestro chef recibe una llamada de un prestigioso restaurante que está al borde del desastre. Su equipo, emocionado por integrar nuevas tecnologías en su menú, ha decidido crear un plato revolucionario inspirado en técnicas moleculares. Sin embargo, han decidido saltarse algunos pasos esenciales. Creyeron que con el simple hecho de utilizar una tecnología moderna y llamativa ya tenían la mitad del trabajo hecho, sin detenerse a pensar en el proceso cuidadoso de diseño y planificación.

Lo primero que hicieron mal fue no consultar a todas las personas necesarias. Solo hablaron con el dueño del restaurante, que estaba más interesado en promocionar el uso de nuevas tecnologías en la cocina como un truco de marketing que en crear una experiencia culinaria completa.

No se consultó a los chefs que tendrían que preparar el plato, ni a los clientes que lo probarían. Como resultado, no se definió bien la necesidad del plato. En lugar de diseñar algo que resolviera un problema concreto o satisficiera una demanda específica del público, decidieron inventar una necesidad para justificar el uso de la tecnología. Esto es algo que, como nuestro chef sabe bien, nunca debe hacerse.

En un proyecto de IA, este error ocurre cuando se decide qué tecnología usar antes de entender realmente cuál es el problema que se quiere resolver. En lugar de hacer las preguntas correctas en la fase inicial y reunir a todos los interesados, algunos proyectos comienzan con una tecnología en mente y luego tratan de encajar una necesidad a esa tecnología.

Es el clásico error de poner la solución antes del problema, y en este caso, el restaurante terminó con un plato que era tecnológicamente impresionante, pero sin ningún valor culinario real para los clientes. Sabía a ciencia, no a comida.

El menú de bajo presupuesto y las expectativas no cumplidas

Otra historia que nuestro chef recuerda con frecuencia es la del restaurante que decidió hacer las cosas "rápido y barato". Este restaurante quería incluir un plato innovador en su menú, pero solo tenían un pequeño presupuesto y, en lugar de seguir todos los pasos meticulosamente, optaron por acelerar el proceso. Saltaron directamente al diseño de la receta, sin haberse tomado el tiempo de hablar con todas las personas necesarias ni entender realmente las necesidades de su audiencia.

El equipo decidió que podían cortar costos acelerando las pruebas del prototipo y utilizando los ingredientes que les vinieron dados. Al principio, el plato parecía prometedor en papel, pero cuando se presentó a los primeros comensales, el desastre fue inmediato. Los sabores no se mezclaban bien, la textura era desagradable y el equipo de cocina tuvo que trabajar el doble de duro para ajustar algo que nunca había sido correctamente planeado.

En un proyecto de IA, esto es equivalente a no asignar el presupuesto necesario para realizar todas las fases correctamente: recopilación de datos, ingeniería de datos, modelado y pruebas.

Algunos proyectos creen que pueden recortar en las fases iniciales para ahorrar tiempo y dinero, sólo para descubrir, mucho más adelante en el proceso, que las bases no estaban bien construidas. El modelo de IA no tiene suficientes datos de calidad, o no se ha invertido lo suficiente en el equipo necesario para ajustar y entrenar el modelo. Como resultado, el producto final está lejos de cumplir con las expectativas, y el costo de corregir estos errores más adelante es mucho mayor de lo que hubiera sido hacer las cosas correctamente desde el principio.

El FullStack #atopeconlaIA y el fracaso inevitable

Otro caso que nuestro chef recuerda con claridad es el de la estrella fugaz que se convirtió en cocinero de la noche a la mañana e intentó hacerlo todo por sí mismo. Este chef, con mucho ego y sin mucha experiencia, decidió que no necesitaba ayuda. Se ofreció para diseñar el menú, seleccionar los ingredientes, preparar los platos y presentarlos a los comensales. Aparentemente, quería quedarse con toda la gloria y el reconocimiento.

Este chef comenzó bien, haciendo promesas increíbles sobre lo que podría lograr. Sin embargo, al final del día, todo salió mal. No tenía tiempo ni recursos suficientes para hacerlo todo, y a medida que el trabajo se acumulaba, decidió delegar en el último minuto, pasando los problemas a otros miembros del equipo de cocina sin darles el contexto necesario para solucionar los errores. Cuando el plato llegó a los comensales, estaba mal preparado, el servicio fue lento y, lo peor de todo, la experiencia fue desastrosa.

En proyectos de IA (como en otros muchos de ingeniería), ocurre algo similar cuando una persona o un equipo pequeño intenta abarcar más de su ámbito de conocimiento y responsabilidad: desde la venta del proyecto hasta la ejecución técnica.

Quizás vendan el proyecto con una visión deslumbrante, pero luego, cuando llega el momento de cumplir, se dan cuenta de que no tienen la experiencia para realizar todas las fases del proyecto correctamente. Este tipo de enfoque "multitarea" conduce al caos: promesas incumplidas, entrega tardía y, en última instancia, un producto fallido. Lo peor es cuando, al delegar a última hora, se pasa el problema a los expertos sin tiempo suficiente para corregir los errores, siendo imposible salvar lo insalvable.

Lo malo es que dichos clientes nunca volvieron. Lo bueno es que el supuesto chef se fue a otro restaurante.

El caso del mejor chef del mundo y el plato imposible

El chef más famoso del mundo, maestro de la innovación culinaria, fue desafiado a crear el plato perfecto, una combinación de sabores, texturas y técnicas que deleitaría a todos los comensales.

Con los ingredientes más raros y exquisitos disponibles, y con la ayuda de tecnología de vanguardia, incluidos sistemas basados en inteligencia artificial, parecía tener todo lo necesario para lograrlo. Su equipo de cocineros y científicos trabajó incansablemente para diseñar el plato ideal, confiando en que la IA optimizaría cada paso: desde la selección de ingredientes hasta el proceso de cocción.

Durante las primeras pruebas, los resultados fueron alentadores. La IA sugirió combinaciones de ingredientes que parecían únicas, y las simulaciones prometían una experiencia gastronómica inigualable. Al principio, los pequeños prototipos del plato funcionaron bien.

Sin embargo, cuando llegó el momento de llevar el plato a su forma completa, comenzaron a aparecer dificultades inesperadas.

Los ingredientes, aunque exquisitos por separado, no se combinaban de la manera que la IA había previsto. Algunos sabores se contradecían entre sí y las texturas resultaban extrañas al paladar.

Además, algunas técnicas de cocción, como el uso de temperaturas controladas al milímetro por tecnología avanzada, no producían los resultados esperados: los alimentos quedaban secos o demasiado blandos. La IA podía hacer cálculos precisos, pero no podía predecir cómo los comensales humanos reaccionarían ante esas combinaciones.

A pesar de contar con la mejor tecnología y los ingredientes más exclusivos, el plato resultó ser demasiado complejo para replicarse con éxito en un servicio de restaurante. Los tiempos de cocción eran inadecuados, y ciertos ingredientes no estaban disponibles en cantidades suficientes para ofrecerlos de forma constante a los clientes. Lo que parecía una idea brillante en la planificación se volvía impracticable en la realidad.

Finalmente, el plato no logró ser el éxito rotundo que todos esperaban. La tecnología no pudo superar los límites naturales de los ingredientes, y el sabor final no cumplía con las expectativas de los críticos. Aunque el chef había seguido el proceso con precisión, hubo barreras técnicas y culinarias que ni siquiera el mejor equipo del mundo pudo superar.

Esta historia refleja lo que sucede en los proyectos de IA: a veces, ni el mejor equipo ni la tecnología más avanzada garantizan el éxito. En la cocina, como en la IA, la viabilidad técnica no siempre se puede prever hasta que se llega a las etapas finales, y algunos objetivos, por muy ambiciosos que sean, simplemente no son alcanzables.

Parece algo lógico, ¿verdad? Incluso nadie pensaría en un chef sin ingredientes... Sin embargo, la realidad es dura: el 80% de los proyectos de IA fracasan por todos estos motivos.

Expectativas mal gestionadas, falta de comprensión técnica y, a menudo, la ilusión de que la tecnología resolverá todos los problemas sin una planificación adecuada.

Mi objetivo no es desilusionar, todo lo contrario: quiero que evitéis tropezar y caer por culpa de decisiones tomadas sin el conocimiento adecuado.

En el mundo de la IA, como en la cocina, como en el del desarrollo en general y la ciencia, no hay atajos mágicos. Los grandes proyectos requieren experiencia, tiempo y un enfoque metódico. No caigáis en la tentación de acelerar los procesos o de intentar abarcar más de lo que podéis gestionar. Sed profesionales, apoyaros en expertos y respetad el proceso.

Construir un proyecto de IA aún no es "comida rápida". Los grandes chefs han pasado miles de horas perfeccionando su arte antes de lograr algo que parece perfecto en minutos, y aun con su método, pueden fallar. Pero en cada intento fallido hay un aprendizaje. Lo importante es no ignorar los pasos necesarios para el éxito.

A veces, el entusiasmo por avanzar rápido nos lleva a subestimar el conocimiento profundo que es necesario, olvidando que lo que no sabemos puede convertirse en nuestro mayor obstáculo. Los proyectos exitosos no se construyen con prisas, sino con cuidado, paciencia y respeto por la complejidad de lo que estamos creando.

Solo así, juntos, podremos mejorar ese 80%.

27. Jugando a ser dioses.

Siempre hemos querido ser dioses. Desde que Prometeo robó el fuego para entregárselo a los mortales, la humanidad ha buscado desafiar sus propias limitaciones. Hemos tratado de empujar los límites de lo que significa ser humano, y en este siglo, ese impulso ha alcanzado nuevas alturas.

Estamos en la cúspide de una era que promete transformar todo lo que conocemos. La inteligencia artificial, que apenas hace unos años se limitaba a responder comandos simples, avanza hacia algo mucho más ambicioso, más allá de lo que podríamos haber imaginado.

Primero, las IA conversacionales dieron el salto de ser asistentes obedientes a transformarse en compañeras de diálogo capaces de mantener conversaciones en múltiples temas. Unos años después, las máquinas comenzaron a razonar, a analizar problemas complejos en medicina, justicia, ingeniería y más, tomando decisiones con una precisión que ningún humano podría igualar. Fue entonces cuando surgieron las primeras dudas: ¿deberíamos ceder tanto poder a una máquina que no puede experimentar las emociones humanas, que no entiende el valor de una vida, de una familia, o de una comunidad?

En un futuro no muy lejano, la IA comenzará a operar de manera completamente autónoma. Las fábricas, los sistemas de transporte, las redes eléctricas y las ciudades inteligentes funcionarán sin intervención humana directa. La promesa de una eficiencia infinita será seductora. Y mientras nos maravillemos con los beneficios, también habrá quienes se pregunten: ¿qué ocurre cuando dejamos que las máquinas gestionen nuestra vida sin supervisión? Ya no necesitaremos hacer el trabajo tedioso, ya no habrá problemas que no puedan solucionarse con algoritmos complejos. Pero, ¿y nosotros? ¿Qué queda para el ser humano cuando el cerebro artificial puede hacerlo todo?

En un momento más avanzado, las máquinas no solo serán capaces de operar de manera autónoma, sino que podrán crear. La creatividad, una vez vista como el último bastión de la humanidad, dejará de ser un misterio exclusivo de nuestra especie. Las IA diseñarán arte, inventarán teorías científicas revolucionarias, escribirán literatura que tocará nuestras almas. Pero, en algún rincón de nuestra mente, sentiremos un vacío: el arte creado sin alma, las obras generadas por algoritmos, carecen de la chispa que surge del sufrimiento, la alegría, la memoria. Será entonces cuando nos preguntemos si hemos cedido demasiado.

Más adelante, las IA comenzarán a liderar. Ya no necesitarán sólo gestionar procesos o resolver problemas técnicos; podrán tomar decisiones estratégicas, dirigir empresas, gestionar gobiernos, liderar proyectos globales. Habrá una tentación, casi inevitable, de dejar que lo hagan todo.

Después de todo, son más rápidas, más eficientes, no cometen errores emocionales. ¿Pero qué clase de mundo será aquel donde las decisiones que afectan a millones de vidas estén en manos de máquinas que no conocen la compasión ni el sacrificio?

Este futuro planteará nuevos desafíos. ¿Qué ocurrirá con los empleos que hasta hoy consideramos esenciales cuando las máquinas puedan asumir la mayoría de las tareas? Sectores enteros podrían ser automatizados, lo que llevaría a una transformación radical del mercado laboral. Y mientras algunos se adapten y prosperen en esta nueva realidad, otros podrían quedarse atrás.

¿Cómo gestionaremos las desigualdades que surgirán, no solo entre ricos y pobres, sino entre aquellos que accedan a las mejoras tecnológicas y aquellos que no?

Y más allá de la economía, ¿cómo afectará la creciente dependencia de sistemas que deciden por nosotros? Podría surgir una deshumanización sutil, no impuesta por la fuerza, sino por la tentación de dejar que las máquinas tomen decisiones cada vez más personales y profundas.

¿Perderemos de vista lo que nos hace humanos si delegamos en ellas tanto poder?

En este nuevo mundo, ¿hasta qué punto seremos capaces de resistir la influencia de los algoritmos que guían nuestras elecciones? Los sistemas de inteligencia artificial podrían aprender a influir en nuestros deseos y decisiones con tal precisión que apenas nos daríamos cuenta. ¿Podríamos llegar a vivir en realidades virtuales que nos proporcionen una satisfacción inmediata, tan tentadoras que muchos preferirían quedarse en ellas? La tentación de escapar a estos mundos perfectamente diseñados estará presente. ¿Qué significará entonces enfrentar la realidad cuando una IA pueda ofrecer versiones más atractivas y perfectas de la vida?

Es imprescindible poner todas estas preguntas sobre la mesa y no ignorar los desafíos que plantea la IA. No podemos hacernos trampas a nosotros mismos: si queremos construir un futuro donde la inteligencia artificial esté al servicio del bien, debemos afrontar estas inquietudes con responsabilidad. La IA tiene un potencial increíble, pero solo si es guiada con principios éticos y una visión clara de su impacto en la humanidad. Hacerlo de otro modo sería traicionar ese ideal.

A pesar de todos estos desafíos, habrá algo que las máquinas nunca podrán reemplazar. En ese futuro dominado por la inteligencia artificial, lo que hará brillar al ser humano no será su capacidad para competir con las máquinas en velocidad o precisión, sino su capacidad para sentir. La creatividad nacida del caos, la empatía que surge de la experiencia compartida, la habilidad para conectar con otros de manera profunda y emocional. La intuición, ese don irracional y misterioso que nos hace capaces de ver lo que aún no existe, será la última fortaleza del ser humano.

Las máquinas podrán resolver problemas, pero será la humanidad la que aporte las preguntas. La belleza, el amor, la amistad, la solidaridad y la capacidad de soñar serán los verdaderos legados de la humanidad. Y en ese futuro, aunque compartamos el mundo con inteligencias artificiales que nos superen en muchos aspectos, siempre habrá algo que no podrán comprender: el anhelo humano por lo trascendental, por el sentido de la vida.

Porque, al final, mientras las máquinas puedan calcular, nosotros seremos los únicos capaces de contemplar el misterio de lo que significa estar vivos.

Ese futuro lo construiremos en compañía, humanos e IAs, no como competidores, sino como aliados, caminando juntos hacia un destino que, aunque incierto, siempre reflejará el espíritu de sus creadores.

Glosario de términos relacionados con la inteligencia artificial (IA)

Algoritmo: Conjunto de reglas o instrucciones detalladas que un sistema sigue para realizar una tarea. Los algoritmos son esenciales para las operaciones de IA, desde la clasificación hasta la toma de decisiones complejas.

Análisis Predictivo: Uso de algoritmos y modelos de IA para predecir futuros resultados basados en datos históricos. Común en la predicción de tendencias de mercado y detección de fraudes.

Aprendizaje Automático (Machine Learning): Subcampo de la IA que permite a las máquinas aprender de los datos y realizar predicciones sin estar programadas explícitamente para cada tarea.

Aprendizaje No Supervisado: Técnica de aprendizaje donde los datos no están etiquetados. El modelo busca patrones o estructuras ocultas en los datos, común en tareas de agrupación o reducción de dimensionalidad.

Aprendizaje Supervisado: Técnica de aprendizaje automático en la que el modelo se entrena con datos etiquetados, lo que significa que cada entrada tiene una respuesta conocida. Se utiliza para tareas de clasificación y predicción.

Autoencoder: Red neuronal utilizada para aprender representaciones comprimidas de datos, reduciendo su dimensionalidad y eliminando el ruido. Se aplica en tareas de compresión de datos y eliminación de ruido en imágenes.

Big Data: Conjunto de tecnologías y técnicas utilizadas para manejar grandes volúmenes de datos complejos, esenciales en muchos proyectos de IA. Big Data es clave para la creación de modelos robustos.

Bias (Sesgo): Error sistemático que ocurre cuando un modelo de IA está entrenado con datos sesgados, lo que puede generar decisiones incorrectas o injustas. Reducir el bias es esencial para garantizar la equidad en los sistemas de IA.

Clustering: Técnica de aprendizaje no supervisado que agrupa datos en categorías basándose en características similares. Ejemplo: segmentación de clientes según sus comportamientos.

Deep Learning (Aprendizaje Profundo): Subcampo del aprendizaje automático que utiliza redes neuronales profundas con múltiples capas para modelar patrones complejos en datos como imágenes y texto.

Embeddings: Representación numérica de datos, como palabras o frases, que captura las relaciones semánticas entre ellos. Se utilizan en modelos de lenguaje y recomendación.

Explicabilidad: Capacidad de un modelo de IA para proporcionar explicaciones claras sobre cómo llegó a una determinada decisión. Es fundamental en aplicaciones críticas como salud o justicia.

Feature Engineering (Ingeniería de Características): Proceso de seleccionar, modificar y crear características (variables) relevantes en los datos para mejorar el rendimiento de los modelos de IA.

Fine-Tuning: Proceso mediante el cual un modelo de IA preentrenado se ajusta a un nuevo conjunto de datos para especializarlo en una tarea específica, manteniendo parte del conocimiento previo adquirido.

GANs (Redes Generativas Antagónicas): Un sistema de IA en el que dos redes compiten entre sí: una genera datos falsos, como imágenes, y la otra intenta distinguir entre los datos falsos y reales. Se usan para crear contenido generado por IA.

Inteligencia Artificial (IA): Disciplina de la informática que crea sistemas capaces de realizar tareas que requieren inteligencia humana, como la toma de decisiones, reconocimiento de patrones y el aprendizaje.

Inteligencia Artificial General (AGI): Concepto de una IA avanzada que tiene la capacidad de realizar cualquier tarea cognitiva que un ser humano puede hacer, incluyendo razonamiento, aprendizaje y resolución de problemas.

LLM (Modelos de Lenguaje de Gran Escala): Modelos entrenados en grandes cantidades de datos textuales para generar y comprender lenguaje humano. Se utilizan en aplicaciones como asistentes virtuales y generación automática de texto.

NLP (Procesamiento del Lenguaje Natural): Campo de la IA que permite a las máquinas comprender y generar lenguaje humano, usado en chatbots, traducción automática, análisis de sentimiento y asistentes de voz.

Optimización de Hiperparámetros: Proceso de ajustar los parámetros que controlan el rendimiento de los modelos de aprendizaje automático, como la tasa de aprendizaje o el número de neuronas en una red neuronal.

Prompts: Instrucciones o textos que los usuarios proporcionan a un modelo de IA (como GPT) para obtener una respuesta o acción. La calidad y claridad de los prompts determinan la efectividad de la salida generada.

Privacidad de Datos: Conjunto de prácticas para proteger la información personal y sensible cuando se utilizan en proyectos de IA. Cumplir con regulaciones como GDPR es esencial en la gestión de datos privados.

Red Neuronal Artificial: Modelo computacional inspirado en el cerebro humano que procesa datos a través de nodos interconectados (neuronas). Son esenciales para tareas de reconocimiento de patrones, clasificación y predicción.

Redes Generativas Antagónicas (GANs): Un sistema de IA en el que dos redes compiten entre sí: una genera datos falsos, como imágenes, y la otra intenta distinguir entre los datos falsos y reales. Se usan para crear contenido generado por IA.

Redes Neuronales Convolucionales (CNN): Redes neuronales diseñadas para procesar imágenes y datos con estructura en forma de cuadrícula. Son ampliamente usadas en tareas como la clasificación de imágenes y la visión por computadora.

Redes Neuronales de Grafos (GNN): Redes que operan sobre estructuras de grafos, representando entidades y sus relaciones. Son utilizadas en tareas que involucran interacciones complejas, como las redes sociales o las interacciones moleculares.

Redes Neuronales Recurrentes (RNN): Redes neuronales diseñadas para procesar secuencias de datos, como series temporales o texto, útiles en predicciones de tiempo y en el procesamiento del lenguaje natural.

Regresión: Técnica de aprendizaje supervisado para predecir un valor numérico continuo. Un ejemplo es la predicción del precio de una vivienda en función de su tamaño y ubicación.

Regularización: Técnica utilizada en el aprendizaje automático para prevenir el sobreajuste de los modelos a los datos de entrenamiento, mejorando su capacidad de generalización.

Token: Unidad de texto procesada por un modelo de lenguaje. Un token puede ser una palabra completa, una parte de palabra o incluso un carácter, dependiendo de cómo se tokeniza el texto. Los modelos de lenguaje como GPT procesan texto en forma de tokens.

Transformer: Modelo de IA que procesa secuencias de datos enfocándose en las relaciones entre diferentes partes de la secuencia. Los transformers son la base de modelos de lenguaje avanzados como GPT.

Transformers Generativos Preentrenados (GPT):
Modelo de lenguaje que se entrena en grandes
cantidades de datos para generar respuestas. Se
utiliza en generación de texto, imágenes, vídeo,
chatbots, y otras aplicaciones de procesamiento
del lenguaje.

Visión Artificial (o Visión por Computadora):
Campo de la IA que permite a las máquinas
interpretar y comprender imágenes y videos. Es
utilizado en tareas como el reconocimiento facial,
la conducción autónoma y la seguridad.

Links a herramientas de interés

Herramientas Conversacionales o Multimodales

ChatGPT (OpenAI): Plataforma para generación avanzada de texto, realización de tareas complejas y asistencia conversacional. [chat.openai.com]

Claude (Anthropic): Centrado en la seguridad y en la resolución precisa de tareas, ideal para aplicaciones críticas. [claude.ai]

Gemini (Google): Modelo multimodal que combina texto e imagen para resolver tareas y generar contenido. [gemini.google.com]

LLaMA (Meta): Optimizado para tareas de comprensión y generación de lenguaje natural en diversos idiomas. [llama.meta.com]

Grok (X): Herramienta de IA para gestionar interacciones en la plataforma X y otras funciones conversacionales. [x.ai]

Mistral AI: Modelo de código abierto especializado en generación de texto con una arquitectura ligera y eficiente. [mistral.ai]

Copilot (Microsoft): Herramienta de IA multimodal diseñada para realizar tareas conversacionales y generar respuestas optimizadas. [copilot.microsoft.com]

Character.ai: Plataforma que permite la creación y simulación de personajes conversacionales con IA, personalizables para diferentes contextos. [character.ai]

Perplexity: Conversacional basado en IA que responde preguntas complejas utilizando fuentes en tiempo real como un buscador. [perplexity.ai]

Herramientas de Arte y Creatividad

Midjourney: Herramienta de IA para generar imágenes artísticas de alta calidad, utilizada en proyectos visuales creativos. [midjourney.com]

Leonardo.ai: Creación de arte digital, personajes y conceptos visuales mediante inteligencia artificial. [leonardo.ai]

Stable Diffusion (Stability AI): Plataforma de código abierto para crear imágenes a partir de texto, con un enfoque en personalización y control. [stability.ai]

Gen-3 Alpha (Runway): Generación avanzada de vídeo e imágenes en 3D, enfocada en la creación de contenido visual inmersivo. [runwayml.com]

Flux Pro: IA diseñada para mejorar y editar contenido visual con funcionalidades avanzadas de personalización. [blackforestlabs.ai]

DreamStudio (Stability AI): Interfaz en línea para generar imágenes de alta calidad con el motor de Stable Diffusion. [dreamstudio.ai]

DALL-E (OpenAI): Genera imágenes realistas a partir de descripciones en lenguaje natural, integrada dentro de ChatGPT [labs.openai.com]

MusicGen (Meta): Generador de música basado en IA que permite crear composiciones a partir de descripciones textuales. [audiocraft.metademolab.com]

MusicLM (Google): Herramienta de IA que transforma descripciones textuales en música, generando composiciones originales. [https://aitestkitchen.withgoogle.com/]

HeyGen: Plataforma de IA para generar videos con avatares realistas y personalizables, basada en texto o voz. [heygen.com]

Herramientas para la Productividad

Jasper.ai: Herramienta de IA para generar contenido de marketing, blogs y redes sociales de manera rápida y efectiva. [jasper.ai]

Copy.ai: Generación de textos optimizados para SEO, redes sociales y campañas de marketing digital. [copy.ai]

Canva: Herramienta versátil para crear contenido visual de manera eficiente, desde presentaciones hasta logos. [canva.com]

Video GPT by VEED: Creación automatizada de videos para redes sociales, con avatares generados por IA y edición avanzada. [veed.io]

Presentation and Slides GPT: Generación automática de presentaciones, diapositivas y PDFs basados en texto proporcionado. [slidesgpt.com]

Herramientas de Desarrollo y Programación

GitHub Copilot (Microsoft + OpenAI): Asistente de programación que sugiere código en tiempo real para acelerar el desarrollo.
[github.com/features/copilot]

Code Copilot (PromptSpellSmith): Herramienta avanzada de IA para asistencia en programación, optimizada para la productividad.
[promptspellsmith.com]

Herramientas de Búsqueda e Investigación

Bing (Microsoft + OpenAI): Buscador potenciado por IA que ofrece respuestas conversacionales y resultados optimizados con GPT-4. [bing.com]

Consensus: Buscador de IA que ofrece respuestas basadas en evidencia científica y publicaciones académicas. [consensus.app]